KB235317

부실채권 정리제도의 국제 표준화

鄭 在 龍

景仁文化社

〈표 차례〉

〈그림 차례〉

제1장 서 론

제1절 발간 목적

부실채권은 일반기업간 채권·채무관계에서 발생하는 것과 금융기관과 일반 기업간 거래에서 발생하는 것으로 나누어 볼 수 있다. 일반적으로 일반기업간 채권·채무관계는 민법, 민사소송법, 부동산등기법, 파산법, 화의법 및 회사정리법 등 일반 법률의 규정에 의하여 규율된다. 개별 기업간 거래는 경제규모가 오늘날과 같이 큰 규모로 팽창하기 전에도 있어 왔던 것으로 채권자와 채무자간 계약의 준수와 법적 안정성 도모 차원에서 오랜 동안 제도가 발전되어 왔다. 그러나 경제 참여도가 높아지고 일반 기업의 금융기관 의존도가 커지는 상황에서, 금융기관이 가지고 있는 일반 기업에 대한 채권의 확보와 정리에 관하여 기존의 법체계로 처리가 곤란해지는 부분이 하나 둘 씩 나타나게 됨에 따라서, 특별법 규정이 도입되어 오고 있다.

금융기관은 기본적으로 이윤추구를 목적으로 하는 사적 기업인 동시에 신용질서 유지를 위한 안정성 확보가 강력히 요구되는 공공적 성격을 지니는 법인이라고 할 수 있다. 또한 금융부문의 효율성은 시장경제 체제의 원활한 작동을 위해서 매우 중요하다. 자금을 효율적으로 운용할 수 있는 금융시스템의 정착이 경제발전의 성패를 결정하는 중요한 요인이기 때문이다. 이러한 관점에서 볼 때, 금융기관의 부실채권은 개별은행의 도산 뿐 아니라 경제 전반의 금융활동을 위축시킴으로써 국가 경제적으로 신용위기를 초래할 수 있다. 부실채권은 금융부문의 효율성 및 경쟁력을 좌우하는 금융하부구조의 구축에 장애가 되기 때문이다. 금융자유화와 개방화를 통해 국내 금융시장과 국제 금융시장이 통합·연결되어 금융의 국제화가 빠르게 확산되어 가고 있는 최근의 국내외 금융시장 동향에 비추어 볼 때, 부실채권 정리는 은행의 건전 경영과 국가경제의 안정적 운영에 매우 긴요한 과제라 할 수 있을 것이다.

어느 국가를 막론하고 금융산업은 다른 제반 산업의 활동이나 국민생활에 긴요한 서비스를 제공하고 있는 사회기반적 성격을 지니고 있다. 따라서 신용질서를 유지하며 새로운 신용을 창조함으로써 경제를 떠받치고 있는 금융 산업의 수익성과 안정성은 유지되어야 한다. 국가경제가 국제적인 금융환경 변화에 능동적으로 대처하기 위해서는 금융 산업을 경쟁력 있는 건전한 산업으로 발전하도록 유도하는 것이 시급한 과제라 할 수 있다. 이러한 관점에 입각하여 우리나라와 일본 그리고 경제 및 체제전환을 통하여 자본주의 체제를 받아들이고 있는 신흥국가들을 조망하면, 부실채권이 향후 상업적 유통시장에서 어떻게 정리되느냐가 경제위기의 극복이나 지속적인 경제성장의 성공 여부를 결정하는 주요 요인이 되고 있음을 알 수 있다. 이는 기본적으로 부실채권정리시장이 활성화되어야 가능할 것이다. 즉 부실채권 유통시장의 발달과 더불어 민간 부실채권처리 전문기관이 활성화되어야 할 필요가 있다.

부실채권은 정상적인 자산에 비해 가치평가가 어렵고 정교한 관리과정을 통해 처리되어야 하는 자산이므로 일반적인 자산거래 시장에서 유통되기 어렵다. 이러한 점 때문에 각국에서는 부실채권처리를 전문으로 하는 전담기관이 설립되었다. 유형적으로 보면 다음의 두 가지 경우로 대별할 수 있는데, 미국, 독일, 영국 등 금융시장이 발달된 일부 선진국에서 발달한 자산관리 및 투자회사는 자연발생적으로 탄생하였지만 기타의 지역에서는 주로 정부가 주도적으로 설립한 공사의 형태로 나타났다.

부실채권시장은 보유 부실채권을 처분하려는 공급자, 거래를 성사시키는 역할을 수행하는 전문중개기관(broker-dealer)이나 개인 및 기관투자자로 구성된다. 우리나라를 포함하여 1997년 금융 및 외환위기로 인하여 경제위기를 겪은 동아시아 국가 등 대부분의 신흥 시장경제국가(emerging markets)와 체제전환국(transition economics) 및 일본의 부실채권시장의 공통적인 특징은, 경제위기로 인해 발생한 부실채권을 처리하기 위해 정부가 설립한 공공기관의 주도 하에 부실채권정리작업이 추진되어 왔다는 점이다. 이들 국가에서는 부실채권의 조기정리를 위한 법적·제도적 인프라가 미약하여 민간부문이 부실채권정리에 효과적으로 대응하지 못하였기 때문이다. 따라서 부실채권 매매거래의 성사를 도와주는 전문중개기관 그리고 최종수요자인 기관투자자나 개인투자자의 역할을 외국의 선진투자기관에서 주로 담당하고 있다. 그러므로 금융시장이 발달된 국가에서와 달리 우리나라를 비롯한 일본, 체제전환국, 그리고 신흥시장 경제국가에서는 부실채권 정리가 투명성, 전문성 및 독립성이 유지되는 가운데 상업적 동기에 의해 이루어지기 보다는 공공기관에 의한 정부정책 집행의 차원에서 이루어지고 있다. 이와 함께 부실채권 가치산정 시에도 공정시장 가격이 적용되기 어려운 여건을 가지고 있다.

해외시장에 진출하는 투자자 또는 전문중개기관의 입장에서 볼 때 우리나라를 비롯한 일본, 체제전환국 및 신흥 시장경제국가에 진출 여부는 자신이 지니고 있는 역량과 진출하고자 하는 지역의 투자환경 등의 조건을 종합적으로 고려하여 결정한다. 진출지역에서의 투자환경이 적합한 지에 관한 결정은 투자의 수익성과 안정성을 기준으로 하게 되며, 이러한 요소를 뒷받침하는 것이 외국인 투자를 보호하는 법적 인프라와 외국인 투자에 대한 조세감면의 제도적 유인이다. 또한 금융 및 자본시장의 높은 유동성뿐 아니라, 위험을 예측하고 효율적으로 거래할 수 있는 증권시장의 하부구조가 정비되어 있어야 한다. 나아가 인수자산의 유동성을 높일 수 있는 금융기법, 전문적 자산관리 능력을 가진 인적자본,

효율적인 정보전달 및 관리체계, 기업의 분할·합병·재편·퇴출에 관한 법과 제도, 규제완화, 양질의 기업공시 및 회계정보 등 투자자를 보호하는 법과 제도 등이 뒷받침되어야 한다. 우리나라, 일본, 체제전환국 및 동남아 등 신흥 시장경제국가에서는 이와 같은 투자자 유인을 위한 인프라가 부족한 상태이다.

위와 같은 사정 때문에 국제 부실채권시장에서는, 공급자와 전문중개기관을 포함한 최종수요자 사이에 커다란 갭(gap)을 발견할 수 있다. 즉 부실채권 공급자의 대부분은 우리나라, 일본 등 금융시스템의 비효율성으로 경제위기를 맞이한 국가들이거나, 체제를 전환하는 과정에서 정책의 실패로 인하여 누적된 금융부실을 처리하고자 하는 체제전환국 또는 신흥시장경제국가이다. 반면에 부실채권 거래를 성사시키는 역할을 수행하는 전문중개기관과 부실채권 최종수요자인 기관이나 투자자들은 미국, 영국 등 금융 및 자본시장이 안정된 선진국의 부실채권시장에서 활동하고 있는 선진 투자기관들이다.

부실채권은 고수익을 제공하는 매력적인 투자 수단인 반면, 내재된 위험이 크며 이와 관련된 정보가 제한적이므로 이에 대한 투자에는 고도의 투자기법과 정보처리 능력이 필요하다. 그러나 부실자산의 거래경험 부족과 구조조정기구의 미발달로 우리나라와 일본, 체제전환국들을 비롯한 신흥시장 경제 내에서의 부실채권 처리는 원활하게 이루어지기 어려운 여건에 처해 있었다. 이와 더불어 수급측면에서 볼 때, 공급이 수요를 초과하는 상황이 빈발하여 부실채권 가격이 내재가치 대비 현저하게 저평가되는 문제가 발생하고 있다. 이를 해소하기 위하여 신규 수요를 창출하여 가치를 제고해야 할 필요가 있으나, 이들 국가의 자체 노력만으로 해결하기가 결코 쉽지 않은 상황이다. 이러한 여건에도 불구하고 우리나라, 말레이시아를 위시한 일부 국가에서는 부실채권처리를 위한 제도의 개발과 그 운영에 있어서 적지 않은 성과를 거두어 왔다.

1999년 5월 당시 누적되는 부실채권에 위기감을 느낀 중국정부는 부실채권 정리기구 설립을 서두르고 있었다. 이에 중국은 최초로 부실채권 정리 전담기구인 '신달(新達)자산관리공사'(이하 '신달'이라 한다)를 설립하였다. 신달은 미국, 스웨덴, 노르웨이, 한국 등 해외 전문가들을 초청해 효율적인 부실채권 정리 방안에 관한 세미나를 개최하였고, 여기서 한국의 부실채권 정리 경험은 중국 정부에 많은 관심을 불러 일으켰다. 중국 정부는 한국의 부실채권정리기구가 중국에 가장 적합한 모델이라고 판단하였고, 신달은 1999년 11월 한국자산관리공사(이하 '자산관리공사'라 한다)와 업무제휴협약을 체결하였다. 이후 중국의 4대 자산관리공사가[1] 모두 자산관리공사와 업무제휴 협약을 맺었으며, 2001년 11월에는 중국 베이징에서 제2차 국제 부실채권포럼을 서울에 이어 개최하기에 이르렀다.[2]

이를 계기로 자산관리공사는 인도네시아, 러시아, 체코, 터키 등 여러 나라와 부실채권정리를 위한 업무제휴 협약을 맺었는데, 이러한 사례는 한국의 부실채권정리경험이 국제 표준화의 실마리가 될 수 있음을 시사하는 것이다.[3]

---

1) 중국 4대 자산관리공사: 신달, 동방, 화융 및 장성자산관리공사.

2) 제2회 국제부실채권포럼에 참석하고 있던 국제기구와 14개국 대표를 원쟈바오(溫家宝), 부총리(현 총리)가 중국 지도층의 집단 거주 지역인 중난하이(中南海)로 초청하였고, 원쟈바오 부총리는 한국자산관리공사의 부실채권 정리 실적과 경험에 깊은 관심을 표명하면서 한국의 협조를 부탁하였다. 원쟈바오 부총리는 "중국 정부는 부실채권 정리를 위하여 관련 법규를 제정하고 감독 기능을 강화할 것이며 은행 및 국유 기업 개혁정책을 병행할 것이다. 중국의 부실채권을 정리하는데 있어 외국 부실채권정리기구와 적극적인 합작을 유도하고, 협력을 구하려고 한다. 특히 한국자산관리공사가 개발한 부실채권 정리의 노하우와 기법을 배우고 활용할 수 있기를 바란다"고 말하였다.

3) IMF에서는 세계 최빈국의 채무해소문제를 세계 경제성장의 가장 큰 걸림돌로 제시하고, 연례 IMF총회에서 의제로 채택하여 다루기도 하였다. 그렇지만 세계 최빈국의 채무해소 문제보다는 세계경제의 견인차 역할을 하는 일본, 중국을 포함한 체제전환국, 신흥시장#경제국가의 부실채권정리문제의 해결이 세계경제 활성화의 보다 더 중요한 과제이고, 이를 위한 국제협력이

　　본서에서는 미국이 1980년대 말과 1990년대 초 금융기관의 부실채권을 정리한 사례를 비교하여 1990년대 말 외환위기와 금융시스템의 비효율성으로 경제위기를 겪은 우리나라와 일본, 그리고 중국 및 말레이시아의 부실채권정리법제와 그 운영과정을 비교 연구함으로써 국제 표준화의 필요성 및 기대효과를 살펴보고 이를 위한 구체적 방안을 모색하고자 한다.

　　국제표준화란 일반적으로 여러 나라 사이에 통용되거나, 또는 여러 나라를 포괄하여 마땅히 따르고 지켜야 할 본보기나 법칙, 또는 제도를 의미한다. 본서에서는 국제표준화의 명제를 부실채권정리 시장 내에서 공정거래가 이루어지고 부실채권이 효율적으로 정리되도록 함으로써 세계경제의 활성화를 도모하자는 차원에서 접근한다. 이로써 우리나라를 비롯한 개별 국가들이 부실채권의 효율적인 정리를 도모하도록 하고, 나아가 금융시스템의 안정과 금융기관의 건전성을 제고하며, 궁극적으로 부실채권정리의 국제협력을 통하여 세계경제를 활성화하는데 기여할 수 있을 것이다.

필요하다는 점에 관해서는 서울에서 2000년 11월 개최되었던 1차 부실채권 국제포럼에서 국제기구와 14개국 대표들이 참석하여 채택하였던 「서울선언문」에서의 부실채권 정리의 국제협력원칙에 따라 제2차, 제3차 대회가 베이징과 모스크바에서 2001년, 2003년 개최되었다. 그러나 국제협력의 방법은 매우 다양하고, 각 나라의 현실에 맞아야 한다. 자산관리공사가 일련의 각국의 부실채권정리기구와 협력관계를 모색하던 중, 말레이시아의 다나하르타벧과 그 운영현황을 보게 되었는데, 부실채권정리에 관한 말레이시아의 법제도는 특히 효율성 측면에서 주목할 만한 것이었다.

제2절 범위와 구성

　부실채권 정리에 관한 법제의 연구에 있어서는, 여타 법적 연구에 있어서와 마찬가지로 주요 개념의 올바른 파악과 연구의 방향정립이 중요한 의미를 갖는다. 부실채권정리법제는 그 분야가 비교적 새롭고 관계되는 당사자가 다양하여 이러한 개념 정립이 미진한 편이다. 즉 부실채권 및 부실채권시장이라는 개념은 우리나라에서 뿐만 아니라 전 세계적으로도 아직 완전히 정립되어 있지 않을 뿐만 아니라, 이에 대한 연구나 논의도 활발하게 이루어지지 않고 있는 것이 현실이다. 따라서 본서는 부실채권 및 부실채권시장에 대한 개념을 정립하기 위하여, 우선 경제학적 측면과 회계학적인 측면에서도 부실채권의 개념을 살피고, 우리나라 금융감독에 관한 법률에서 부실채권에 대한 정의를 조사한 후, 각 국가의 부실채권의 분류기준을 고찰한다.

　또한 주요 국가별로 부실채권 규모와 발생 및 증가원인을 분석하고, 부실채권 정리 현황을 분석한다. 부실채권시장이 비교적 발달되어 있는 국가의 예로서 미국의 부실채권 정리 제도와 함께 최근 부실채권정리에 관한 제반 메커니즘을 개발·도입하고 있는 우리나라와 일본의 제도 그리고 체제전환국 중의 하나인 중국의 제도, 그리고 1997년 금융위기를 경험한 동남아시아 국가 중 말레이시아의 제도로 분류하여 비교·분석한다.4) 특히 신흥 시장경제국가 중 부실채권정리에 큰 성과를 거둔 말레

---

4) 본 논문에서 체제전환국이란 중국, 베트남, 러시아 등 최근에 자본주의를 도입하고 있는 구 공산권 국가를 말하며, 신흥시장경제국가는 1997년에 금융위기를 경험한 동남아시아국가인 말레이시아, 인도네시아, 태국 등 이미 자본주의 체제가 도입되어 운영되고 있는 나라를 말한다. 아울러 선진국의 부실채권 정리현황 및 부실채권시장 동향은 미국, 일본의 부실채권시장을 조사하여 분석한다.

이시아의 제도를 연구하고 우리나라 제도와 비교하는데 많은 부분을 할애하기로 한다. 본서에서 연구의 대상으로 하는 부실채권의 범위는 모든 부실기업이 지고 있는 채무에 관한 것이라기보다는 금융기관이 보유하고 있는 부실기업에 대한 채권으로 한정한다. 이는 금융기관의 경영정상화를 통해 국내외 금융시장의 안정을 도모하기 위한 제도를 모색하고자 하는 본 논문의 연구방향에 따른 것이다.

본서는 의와 같은 비교연구를 통해 부실채권이 금융시스템과 실물경제, 나아가 세계경제에 미치는 영향을 고찰할 때 부실채권 정리 법제를 국제표준화할 필요성이 있음을 제시하고자 한다. 부실채권 정리의 국제표준화 분야를 부실채권시장 내에서 활동하고 있는 공급자, 투자자(수요자), 그리고 전문중개기관의 측면에서 검토하고, OECD, IBRD, ADB, 국제결제은행(BIS) 등이 도산법의 단일화 등 여러 분야에서 추진하여 온 국제 표준화 사례를 살펴 부실채권정리의 국제표준화 당위성을 제시한다. 이어서 국제표준화를 위해 국제기구에 의한 부실채권 정리의 국제표준화, 모델 법령의 전파 등을 통한 부실채권 정리의 국제표준화 등 다양한 방안을 모색하여 각 방안에 대한 의의와 장·단점을 분석하고, 기대효과와 각각의 국제표준화 방안의 구체적인 추진을 위한 과제를 제시한다.

본서를 작성함에 있어서는 참고문헌이 충분치 못한데다 미국과 한국, 말레이시아의 사례를 중심으로 하였기 때문에, 이들 국가의 법제를 상당부분 그대로 인용하며 분석하였다. 부실채권정리의 국제 표준화는 국제적으로 현재 논의되고 있는 것과 자산관리공사에서 경험한 사례를 중심으로 국제 표준화의 가능성을 모색하고자 한다.

이 책의 구성은 다음과 같다. 다음의 제2장에서는 부실채권의 개념을 정립하기 위하여, 부실채권을 다양한 측면에서 고찰하고, 주요국가의 부실채권 산정기준이 어떻게 다른지 살펴본다.

제3장에서는 우리나라와 외국의 부실채권시장과 정리제도를 비교하

여 전반적인 부실채권시장의 현황과 문제점을 살펴본다.

　제4장에서는 부실채권 정리의 국제표준화의 필요성을 제시하고, 국제표준화 가능 분야를 부실채권시장에서 활동하고 있는 공급자, 투자자, 그리고 전문중개기관의 측면에서 검토한다. 이어서 국제적인 규범화를 추진하고 있는 국제기구의 활동 등의 사례를 제시하여 부실채권 정리의 국제표준화 당위성을 뒷받침한다. 또한 부실채권 정리의 국제표준화 제시 방안은 국제 부실채권시장을 활성화하고자 하는 차원에서 그 의의를 분석하고, 국제표준화의 구체적인 추진을 위한 향후과제를 제시한다.

　제5장에서는 지금까지의 논의를 종합하고, 부실채권 정리의 국제표준화가 보다 활성화될 수 있는 방향을 제안하며 결론을 맺는다.

제2장 부실채권시장의 형성과 전개

제1절 부실채권의 의의

Ⅰ. 부실채권의 개념

1. 일반적 정의

금융기관이 여신을 제공한 이후에 채무자의 부도 및 경제력 상실 등의 여러 가지 사유로 정상적인 원리금상환이 이루어지기 어려운 상황이 발생한 경우, 해당여신에 대하여 금융기관이 가지는 금전적 채권을 일반적으로 부실채권이라 한다. 기업이 부실화되면 부실채권이 늘어나게 되고 이는 금융기관의 부실화로 이어진다. 즉 기업과 금융기관을 연결시키는 고리가 되는 대출금의 상환과 관련하여 문제가 발생할 경우, 이를 일반적으로 부실채권이라고 한다. 부실채권은 부실자산,[1] 불량채권, 무수

---

[1] 금융기관이 보유하고 있는 자산의 부실은 부실채권 외에도 투자 유가증권 및 보유외화자산의 가격하락, 관계회사 부실로 인한 출자금의 평가손 등의 요인으로 발생한다. 그러므로 금융기관의 경우 신탁과 같이 실질적으로 원

익여신, 부실여신 등으로 불려지기도 하는데 부실채권이란 용어가 가장
일반적으로 쓰이고 있다.

　그러나 부실채권의 개념을 일의적으로 결정하기는 어려우며, 경제학
이나 회계학, 그리고 금융기관을 감독하는 법규 등 기타 인식의 주체 및
관점에 따라 다양하게 정의될 수 있을 것이다. 그렇지만 부실채권이라는
용어의 사용에는 재정적으로 어려움에 처해 상당한 기간 이자를 지급하
지 못하거나 신용위험이 높아서 향후 집중적인 관리가 요청되는 대상기
업이 부담해야하는 채무가 존재한다는 것이 내용적으로 전제되어야 한
다. 이러한 전제에 기초할 경우, 부실채권은 기본적으로 경제행위 주체
가 재정적 어려움에 처하여 일정기간 이상 이자를 지급하지 못하거나,
높은 신용위험으로 집중적인 관리를 요하는 채무자에 대한 채권을 의미
하게 될 것이다.

2. 실정법상 정의

　우리나라에서는 은행법의 하위법규인 은행업감독규정과 「금융기관부
실자산등의 효율적 처리 및 한국자산관리공사의 설립에 관한 법률」(이
하 '자산관리공사법'이라 한다)의 하위 법규인 동법시행령에서 부실채권
의 개념을 정의하고 있다. 현행 은행업감독규정 제27조에서 규정하고 있
는 부실채권은 자산건전성 분류기준[2]에 따라 "회수의문" 또는 "추정손

　　리금을 보장하는 금융상품과 회사채에 대한 지급보증이 많으므로 부실여신
　　보다는 부실자산이 부실규모에 대한 적절한 것으로 보는 견해도 있다.
　2) 은행업감독기준 제27조 자산건전성분류 등에 의하면 금융기관은 정기적으
　　로 차주의 채무상환능력과 금융거래내용 등을 감안하여 보유자산의 건전성
　　을 정상, 요주의, 고정, 회수 의문, 추정손실의 5단계로 분류하고, 회수의문
　　또는 추정손실로 분류된 자산을 부실자산이라 하고 조기에 상각하여 자산
　　의 건전성을 확보해야 한다고 규정하였다. 부실자산은 대부분 대출채권으
　　로 구성되어 있으므로 부실채권이라고 부르기도 한다. 은행업감독 규정에
　　서 은행보유 대출채권을 이와 같이 5가지로 분류하는 것은 각 분류에 따라

실"로 분류된 자산을 말한다.

넓은 의미에서 부실채권은 금융기관이 대출해 준 자산 가운데서 차주의 경영부실화나 부도 등으로 인해 원리금 상환이 불투명해진 자산 전체를 의미하지만, 좁은 의미에서의 부실채권은 이러한 자산 가운데서 금융기관이 담보물 및 보증인에 대한 권리행사를 통하여 사후적으로 보전될 수 없는 자산 즉 손실 발생이 불가피한 자산만을 뜻한다. 은행업감독규정상 부실채권은 좁은 의미에서의 부실채권을 의미한다.

자산관리공사법 제2조 제2호에 의하면, 부실채권이란 금융기관의 여신거래로 인하여 발생한 대출원리금·지급보증 및 이에 준하는 채권으로서 금융감독위원회가 정하는 바에 따라 대손충당금을 설정하여야 하는 채권이나 기타 금융기관의 유동성 및 건전성을 높이기 위하여 특히 필요하다고 판단되는 채권으로서 법 제14조의 규정에 의한 경영관리위원회가 인정한 채권 중, 1) 부도 등의 사유로 정상적으로 변제되지 아니한 것으로서 회수조치나 관리방법을 강구할 필요가 있는 채권, 2) 채무자의 경영내용, 재무상태 및 예상되는 현금 흐름 등으로 보아 채권회수에 상당한 위험이 발생하였거나 발생할 우려가 있는 경우로서 제14조의 규정에 의한 경영관리위원회가 인정하는 채권에 해당하는 것을 말한다. 여기서 부실채권의 개념은 자산관리공사의 업무처리 기준을 설정하는 관점에서 정립된 것이다.

따라서 자산관리공사법상 부실채권의 정의는 은행업감독규정상 부실채권 이외에도 자산관리공사의 판단에 따라서 자산관리공사가 매입하여 처리하는 것이 필요하다고 판단되는 것도 포함함으로써, 국가경제적 필요에 따라서는 BIS(Bank for International Settlements, 국제결제은행) 기준상 부실채권의 범주에 포함되지 않은 것도 부실채권으로 보아 자산관리공

대손충당금의 적립에 차등을 두기 위함이다. 은행업회계처리준칙에 의하면 대손충당금 전입액은 손금에 해당하며, 이는 결국 자기자본을 줄이는 경로를 통해 BIS 자기자본비율의 악화를 초래하게 된다. 한편 은행업감독규정은 부실자산을 조기에 상각하도록 하는 선언적 규정을 두고 있다.

사가 개입하여 처리할 수 있는 길을 열어 놓고 있다.

II. 부실채권의 특성과 국민경제적 의의

부실채권은 그 유통시장에 있어서 일반적 채권과 달리 정보의 비대칭성으로 인한 잠재적 위험이 내재되어 있기 때문에 시장의 실패를 초래할 수 있다. 즉 기업이 부실화될 경우 경영진은 정보를 은폐하려는 유인이 크기 때문에 부실채권의 가격은 자산의 가치를 정확히 반영하지 못하는 것이다. 더욱이 부실기업은 부실채권의 은폐뿐만 아니라 불법적인 채권양도와 같은 법적 문제를 낳을 수 있기 때문에, 채권에 대한 투자가 원하지 않는 부실채권의 보유로 귀결되는 경우가 적지 않다. 이러한 이유로 부실채권의 공급은 많으나 시장이 형성되지 못하는 시장의 실패가 자주 발생한다.

부실채권에 대한 투자는 위험부담이 큰 만큼 그 수익도 크기 때문에 고수익·고위험적인 성격을 지니고 있다. 따라서 성공적인 투자를 위해서는 금융기법, 기업개선에 관련된 법과 제도의 이행과 위험에 대한 이해가 필수적이다. 부실채권 내지 부실채권시장의 특성 때문에, 자본시장이 발달하지 못하고 대신 은행이 금융의 중심이 되고 따라서 위험을 부담(risk taking)하는 투기적 수요자인 시장참여자와 이를 중재하는 기관이 없는 나라에서는 부실채권시장이 존재하기 어렵다.

이와 같이 부실채권은 정상적인 자산에 비해 가치평가가 어렵고 정교한 관리과정을 통해 처리되어야 하는 자산이므로 정상적인 자산거래시장에서 유통되기 어려운 것이 특징이다. 따라서 부실채권을 전문적으로 처리하는 전담기관이 탄생하였고, 민간부문의 부실채권처리 전담기관은 미국, 영국 등 금융시장이 발달한 일부 선진국에서 자산관리 및 투자회사의 형태로 존재하고 있다.

일반적으로 보아 부실채권에 대한 투자 내지 수요는 투자대상 기업이 영위하는 사업의 전망을 감안하여 나타나게 된다. 부실채권을 액면가의 20~30% 가격으로 인수할 경우 사실상 동일 업종의 기업을 그 가격으로 인수하는 것과 유사한 효과를 가진다. 대체로 투자대상 기업의 사업전망이 밝고, 재구조화 기간 동안 충분한 현금 흐름을 확보할 수 있고, 소송비용과 같은 상당 액수의 기업구조조정 비용을 감당할 수 있는 대기업의 부실채권이 주요 투자대상이 된다.

한편 펀드매니저의 입장에서 볼 때 부실채권은 펀드 포트폴리오 구성에 필수적인 부분으로 자리 잡고 있다는 점에도 주목해야 한다. 다시 말하자면 평균수익률을 높여야 하는 펀드매니저의 입장에서는 부실채권은 주식, 투자적격 등급 채권, 투자부적격 등급 채권과 함께 펀드에 반드시 편입하여야 하는 것으로 인식되어 오고 있다.

어느 나라에서든 국가경제적으로 부실채권이 늘어나면 관리비용의 증가, 유동성 경색 및 금융중개 기능의 저하현상이 나타나게 된다. 이는 결국 금융기관의 자산 건전성 악화를 초래하여 금융시스템 전체에 대한 신뢰성을 저하시키고, 실물경제에까지 부정적 영향을 미치는 악순환 구조를 형성하게 된다. 따라서 부실채권에 대한 올바른 이해와 효율적 처리는 안정적인 경제시스템의 틀을 구축함에 있어서 매우 중요한 의미를 갖는다.

은행을 비롯한 금융산업은 전후방 연쇄효과가 매우 높은 산업이기 때문에 과도한 부실채권의 발생은 금융위기는 물론 국민경제 전체의 위기를 야기할 수 있다. 이와 같은 금융위기는 1982년 중남미 외채위기 이후 정도의 차이는 있지만 전 세계 국가의 약 70%가 경험하고 있는 것으로 알려져 있다.

글로벌화로 급변하는 경제 환경 하에서 기업의 진입과 퇴출이 원활하게 이루어질 경우 부실채권의 발생규모가 적정 수준에서 유지되고 이미 발생한 부실채권이 원활하게 정리될 수 있을 것이다. 이를 위해서는 기업 등 각 경제주체가 경쟁력을 지니고 있어야 하는 것이지만 금융제도 및 기업관련법제가 시장이 원활히 기능할 수 있도록 정비되어 있어야 한다. 원활한 시장 퇴출을 유도하는 상시 퇴출시스템이 정비되어 있지 못 할 때에는 기업 부도가 급증하며, 기업의 부도는 금융기관의 대출채권을 부실화하여 금융기관의 부실까지 초래하게 한다. 금융기관은 이에 대응하여 기존 대출금을 회수하거나 신규대출을 축소시키고 이는 기업의 부도를 가속화하는 동시에 경제전반의 구매력을 떨어뜨려 부동산 등 자산가치의 하락을 야기하게 되는 것이다. 자산가치의 하락은 부실의 악순환 및 신용경색을 유발하고 궁극적으로는 국민경제의 위기를 초래할 가능성이 높아지게 된다. 효율적 금융기관 없이는 경제의 지속적 성장과 안정성이 보장될 수 없으며, 그런 의미에서 부실채권정리의 국민 경제적 의의는 매우 크다 하겠다.

부실채권은 그 속성상 시장 상황의 변동 또는 시장 실패 등의 요인으로 지속적으로 발생할 개연성이 매우 높으므로, 부실채권의 효과적 정리를 위한 체제의 정비는 어느 국가를 막론하고 경제의 안정적이고 지속적인 성장을 위해서 필수적인 요소가 될 것이다.

Ⅲ. 부실채권 분류 기준

1. 비교 분석의 중요성

부실채권은 그 용어가 의미하는 것처럼, 당해 채권의 가치가 부실한 것이라고 볼 수 있다. 따라서 이에 투자하고자 하는 경제주체의 입장에서는 당해 채권의 가치에 대해 정확히 파악하고자 할 것이다. 대상 채권에 대한 정확한 이해가 전제되지 않고서 투자하기는 매우 어려울 것이기 때문이다.

이러한 점은 부실채권의 보유자가 그것을 외국의 투자자에 매각하고자 할 때 더욱 중요한 의미를 지닌다. 투자대상 국가의 일반적인 경제제도와 관행에 밝지 못한 외국 투자자 입장에서는 부실채권 발생국가의 금융제도와 관행에 따라 부실채권으로 분류된 채권의 정확한 경제적 가치를 파악하고자 하는 것은 당연한 과정이다. 이러한 관점에서 볼 때, 주요국의 부실채권 분류기준을 비교·분석하는 것은 국제적 부실채권 정리의 원활화를 위한 가장 기본적인 작업에 해당한다.

최근 각국의 부실채권정리 성과에 대한 국제적 평가를 돌아보면 우리나라는 대규모의 공적자금을 투입하여 부실채권을 성공적으로 정리한 것으로 인식되고 있다. 반면 부실채권 처리에 소극적인 일부 국가에서는 현재 경제적 어려움이 가중되고 있으며 장래 잠재적 불안이 여전히 남아 있다. 예를 들어 일본은 현재까지도 10년이 넘게 지속되는 불황에서 헤쳐 나오지 못하고 있다. 중국 역시 부실채권 처리 문제가 지속적인 경제성장의 발목을 잡는 걸림돌로 부상하고 있다.

1982년 중남미 외채 위기 이후 전 세계 국가 중 70%가 금융위기를 경험하면서, 특히 개도국의 부실채권 문제는 21세기 세계경제의 현안 중 하나로 대두되었다. 따라서 최근 세계 각국이 부실채권문제를 공동으로 해결할 수 있는 제도적 장치의 필요성에 대한 목소리도 높아지고 있다. 그러나 현실은 이러한 요청에 비추어 볼 때 크게 미흡한 실정이다. 아직은 국가별 부실채권의 규모에 관한 통계조차 정확하게 집계되지 않는 것이 세계 부실채권시장의 현주소이다. 부실채권이라 하면 간단하게 정의될 것 같지만 나라별로 다양하게 정의하고 있을 뿐 아니라, 각국 정부 입장에서는 가급적 숨기고 축소하려는 경향 때문에 정확한 통계자료가 공식적으로 발표되는 예조차 드물다.

부실채권의 규모를 공개하고 신속하게 처리한 한국과 달리, 특히 중국의 경우는 그 규모와 심각성에 대한 우려에도 불구하고 공신력 있는 기준과 통계치를 구하기 어려운 실정이다.3) 이러한 관점에서 볼 때 각국의 실정을 파악하기 위해서는 부실채권의 구체적 정의와 분류 기준이 국가마다 어떻게 다른 지에 관한 접근부터 선행되어야 할 것이다.

2. 미 국

미국은 Federal Reserve Bank의 Commercial Bank Examination Manual에 의하여 금융기관의 대출채권을 분류한다. 금융기관의 대출금은 대출기한을 연장하는데 있어서 판단의 준거를 제공하기 위하여 분류된다. 구체적으로 standard(정상), special mention(요주의), substandard(고정), doubtful(회수의문) 및 loss(손실)[4]로 분류되며, 우리의 은행업감독규정에 의한 분류와 매우 유사하다. 이 중 substandard(고정), doubtful(회수의문) 및 loss(손실)를 고정이하 라고 부른다.

담보가 확보되거나 회수절차가 진행 중이지 않은 채로 연체가 90일을 넘어간 대출채권, 지급여부가 불확실한 채권 또는 채무자의 재정상태의 악화로 현금주의 방식에 의하여 수익을 계상하여야 할 채권을 무수익여신(Non-accrual loans)[5]이라 한다. 이는 우리의 자산관리공사법에 의한 부실채권의 정의와 매우 유사하다.[6] 정리신탁공사(RTC)의 활동은 개별부실채권의 매입보다는 부실금융기관(저축대부조합)의 인수 및 청산 또는 P&A방식에 의한 이전에 집중되었다. 그 과정에서 저축대부조합의 부실채권을 회수하는 기능을 한 것이다. 따라서 정리신탁공사의 업무와 관련하여 별도의 부실채권의 개념이 정립되지는 않았다.

---

3) 중국 부실채권 규모는 약414조원 정도로 추정된다.(출처: Global Nonper-forming Loan Report 2004, Ernst & Young)

4) Commercial Bank Examination Manual, section 2060.1, 이를 adversely classified loans라 부른다. FDIC : DOS Manual of Exam Policies, Loans, Section 3.1. FASB ELTF Issue #85-44.

5) 발생주의적 관점에서 수익을 인식하지 못한다는 의미이다.

6) Commercial Bank Examination Manual, section 2040.1.

3. 한 국

우리나라에서는 부실채권 개념을 정의하고 있는 은행업감독규정 제27조에 규정된 자산건전성 분류기준이 부실채권을 분류하는 가장 대표적인 기준으로 인식되고 있다. 이에 따르면 전체 대출채권 중 연체된 것은 연체기간을 기준으로 '1개월 미만', '1~3개월', '3~12개월', '12개월 이상'으로 분류된다. 그리고 이 중 3개월 이상은 '고정 이하', 즉 '고정', '회수의문', '추정손실' 중 하나로 분류된다. 결과적으로 전체 대출 채권은 고객(또는 기업)의 신용등급, 담보 능력, 부도 여부, 불량정보 등의 기준을 감안하여 최종적으로 '정상', '요주의', '고정', '회수의문', '추정손실'의 5단계로 분류되며, 회수의문 및 추정손실에 해당하는 자산이 부실자산으로 분류된다.

통계적으로는 부실자산 또는 부실채권보다 범위가 넓은 고정이하여신을 주로 활용한다. 1999년 12월 말 61조 원에 이르렀던 은행들의 '고정이하'여신이 2004년 12월말 현재 13.9조 원으로 대폭 감소하였다.[7]

한편 부실채권은 현실적으로 부실채권 시장에서 유통되는 부실채권의 성격에 의하여 분류될 수 있는데, 보유기관인 금융기관이 자발적으로 처리하는 것과 금융기관의 부실이 심각한 수준에 이르러 공적기관이 공공자금을 통해 매입하는 것으로 구분하여 볼 수 있다. 전자의 의미에서 부실채권은 주로 은행업감독규정상 부실채권(부실자산)의 범주에 부합한다. 후자의 의미에서의 부실채권은 공적기관인 자산관리공사의 판단에 의하여 공적자금의 투입의 필요성이 인정되는 부실채권에 해당하기 때문에 당시 경제상황 및 관리주체의 의지에 따라 실제 범주가 많이 좌우되는 특성을 갖는다. 그렇지만 이를 은행업감독규정상의 부실자산의 범주에 대비한다면 대체로 일치할 것으로 판단된다.

---

7) 출처: 금융감독원

4. 말레이시아

말레이시아 중앙은행(Bank Negara Malaysia)은 「은행및금융기관법」(Banking and Financial Institutions Act, 1989)에 따라 부실채권(Non-performing loans)의 범주에 대하여 다음과 같이 규정하고 있다.[8]

원리금을 6개월 이상 연체할 때 이를 부실채권이라 한다. 그리고 부실채권에 대해서는 이자의 발생이 정지된다(suspended). 이자 발생이 정지된 이자는 금융기관에 정지된 이자(suspended interest)계정에 기록되며 이는 회수할 때에 가서야 소득으로 인식된다. 부실채권에 대해서는 일정한 요건 하에서 상환기일조정(rescheduling)이 가능하다.

모든 은행은 부실여신으로 인한 손실보전을 위해 총여신의 1%에 상당하는 금액의 대손충당금을 유지해야 한다. 이와 별도로 고정이하(sub-standard), 회수의문(doubtful) 또는 불량(bad) 여신을 위한 특별대손충당금계정을 유지하여야 한다.

은행의 자산건전성 분류기준은 다음과 같다.

<표 II-1> 말레이시아에서의 은행의 자산성분류 기준

연체기간 Period of Default	분류 classification	특별대손충당금 규정 Specific Provision on the shortfall in security value over the amount outstanding, net of unearned interest and interest suspended
6개월 이상 9개월 미만 6 months but less than 9 months	고정이하: Substandard, unless there is evidence to support a worse-off classification as stipulated, i.e. financial institutions are also required to set aside provisions for off-balance sheet items where it faces risk from failure of counter parties to fulfil their obligations.	20% provisioning unless overall loan loss provisions are adequate
9개월 이상 12개월 미만 9 months but less than 12 months	회수의문: Doubtful, unless there is evidence to support a worse-off classification as stipulated in the above.	50%
12개월 이상 12 months and above	불량: Bad	50%

---

8) Guidelines on the Suspension of Interest on Non-performing Loans and Provision for Bad & Doubtful Debts on Nov. 1st, 1985, revised Dec 26th, 1989.

다나하르타법(Danaharta Act)상으로는 부실채권에 대한 별도의 정의가 없다. 이론상 다나하르타는 어떠한 채권도 채권자의 동의가 있는 경우 인수할 수 있도록 되어 있기 때문이다.

5. 기타 국가

1) 일 본

일본에서는 일반적으로 부실채권을 '리스크관리채권'과 '금융재생법 분류채권'의 두 가지 중 하나에 해당하는 채권으로 보고 있다. '리스크관리채권'은 은행법 제21조에 근거한 분류인데, 98년 3월부터 분류 기준이 강화되어 부실채권의 범위가 확대되었다. 이에 따르면 부실채권은 파탄채권, 연체채권, 3개월 이상 연체채권, 대출조건 완화채권의 4단계로 분류된다.

2001년 3월 일본 금융청이 이 기준에 의해 발표한 부실채권 규모를 보면 전국 137개 은행의 리스크관리채권 잔액은 32.5조 엔(이 중 파탄채권 3.3조 엔, 연체채권 17.8조 엔, 기타 11.4조 엔)이었다. 리스크관리채권을 업종별로 보면 부동산업, 서비스업, 도·소매업, 건설업의 4업종에서 80%를 차지하고 있다.

'금융재생법 분류채권'은 98년 10월의 금융재생법에 기초한 자산사정 결과에 따른 분류법이다. 이에 따르면 부실채권은 파산갱생채권 및 이에 준하는 채권, 위험채권, 요관리채권으로 분류되고 있다.

이 밖에 일본에서 사용되고 있는 부실채권의 분류로는 98년 4월부터 도입된 조기시정조치에 대응하여 각 금융기관이 실시하고 있는 '자기사정'에 의한 분류이다. 각 금융기관은 금융청의 금융검사 매뉴얼에 따라 우선 채무자를 파탄, 실질파탄, 파탄우려, 요주의, 정상의 5단계로 분류하고, 또다시 담보나 보증 등의 상황을 감안하여 회수불능채권, 중대우

려채권, 우려채권, 정상채권의 4단계로 분류하고 있다.

한편 공적 정리기관에 의한 정리대상으로서 '부실채권'의 정의는 두지 않고 있다.

2) 중 국

중국의 경우는 98년부터 '부실채권'을 '6개월에서 2년 이하 연체', '2년 초과한 연체', '채무자의 파산 또는 사망으로 인한 회수불능'으로 분류해 오다가, 2000년 9월부터 중국인민은행이 국제적으로 통용되고 있는 3개월 이상의 연체 여신을 기준으로 분류하기 시작했다. 이후에 인민은행은 2001년 12월 발표한 「여신리스크분류가이드라인」에 의해 새로운 자산건전성 분류 기준을 마련하였다.

중국정부는 2003년 말 기준 금융기관의 총대출 13.7조 위엔 중, 부실채권은 17.8%인 2.4조 위엔(302조원)으로 발표하였으나, 실제 부실채권 비율 및 규모는 발표된 수치보다 더 심각한 수준이라는 데에는 이의가 없을 것이다.9) 특히, 중국 4대 주요은행의10) 부실규모는 2004년 말 여신의 20.36%이며, 향후 2년 동안 부실규모를 15%내외로 축소한다는 방침을 세우고 있다.

6. 각국 기준의 비교

부실채권분류기준은 전술한 바와 같이 각 나라별로 대소의 차이를 보이고 있다. 예를 들어 한국, 중국 및 일본 3국의 기준을 비교하면, 각국의 기준이 크게 차이 나는 것은 아니지만, 우리의 경우가 연체기간과 부

---

9) S&P는 중국의 부실채권 비율을 44~45%로 추정하였으며, 위 채권을 처리하기 위해 약6조 위엔(754조원) 이상의 비용이 필요하다고 주장하였음.
10) 중국공상은행, 중국은행, 중국건설은행, 중국농업은행.

실 정도에 따른 기준이 일본이나 중국보다 좀 더 명확하다고 할 수 있다. 그러나 3국의 분류 기준은 전반적으로 비계량적이고 추상적인 요소가 많기 때문에 나라별로, 금융기관별로 자의적으로 적용될 여지가 있다. 따라서 동일 거래처의 여신에 대해서도 다르게 분류될 수 있는 것이다. 한국의 경우 각 개별 금융기관 역시 자체적으로 내부 실무 지침을 만들어 자산건전성을 분류하고 있어, 금융기관 마다 차이가 발생하는 것은 불가피한 실정이다.[11]

물론 단순히 계량적 요소만으로 부실 여부를 판단할 수는 없지만, 부실채권정리의 중요성을 감안할 때 정부에서 금융기관별 적용의 편차를 해소할 수 있도록 보다 구체적인 기준을 제시하는 것이 바람직할 것이다. 또한 부실채권 문제는 한 나라에 국한되는 문제가 아닌 만큼, 여러 나라 간에 통일된 분류 기준을 마련하여 공동으로 해결할 수 있는 국제협력 채널이 마련되어야 할 필요성도 있다.

이러한 점에서 볼 때 각국의 부실채권분류기준[12]에 영향을 주고 있는

---

11) 부실채권을 분류하는 기준은 각 금융기관뿐만 아니라, 같은 금융기관 내에서도 각 점포의 지역적 위치 경기에 따라서 상대적이고 유동적이다. 예를 들어 동일한 조건 하에 있는 채권이라 하더라도 불황시와 호황시에 부실채권에 해당하는지의 판단은 달라질 수 있다. 이와 관련하여 현재 여신관리에 관환 금융실무에서는 과거의 자료에 의존하는 것이 아닌, 미래 예측 기준(Forward Looking Criteria)에 의한 부실채권 심사기법이 적극적으로 도입되고 있다.

12) OECD 각국은 BIS의 분류기준을 응용하여 자국 은행의 자본건전성(capital adequacy)을 평가하고 있다. 우리나라의 경우 은행업감독업무시행세칙에서 위험가중치를 5단계, 즉 0%(통화 등), 10%(공공기관에 대한 채권 등), 20%(제1군 국가은행의 보증채권 등), 50%(주거용주택담보채권 등), 100%(기타의 대출채권 등) 등으로 분류하고 있으며, 미국의 경우 Commercial Bank Examination Manual(Federal Reserve Bank)에 따라서 0%(현금 등), 20%(회수중채권 등), 50%(주거용주택담보채권 등), 100%(기타 대출 채권 등)의 4단계로 분류한다. 대부분의 부실채권은 위험가중치 100%인 대출채권에서 발생할 것이며, 금융감독기관은 연체대출금 중 일정 요건을 충족하는 것을 부실채권으로 분류하고 있다.

미국 FDIC의 분류기준 및 미국회계기준은 매우 큰 역할을 하고 있다. 각국이 부실채권분류기준을 정립함에 있어 외형적인 통일성을 갖출 수 있도록 하는 데에 미국의 기준은 크게 기여하고 있다.[13] 그러나 실제에 있어 국외의 투자자들이 부실채권을 평가함에 있어 각국의 분류기준에 따른 분류를 유용한 판단자료로 활용할 수 있게 하기 위해서는, 회계의 투명성을 보장하는 등 신뢰보장장치가 마련되는 것도 중요하다.

이러한 관점에서 최근 일본 금융청의 특별검사에 의한 대출채권 재분류는 시사하는 바가 크다. 금융청의 특별검사는 은행들의 자체 부실채권 분류 및 평가 기준이 지나치게 안이하게 책정되어 있다는 데서 비롯되었다. 금융청은 이미 2002년도(01. 11~02. 3)에도 한 차례 은행의 채권에 대한 특별검사를 실시한 바 있었다. 당시 특별검사를 실시하게 된 결정적인 계기는 은행이 「요주의채권」으로 분류하고 있던 마이칼의 도산이었다. 당시 특별검사 결과에 따라서, 149개사 고액 대출업체(13개 대형은행의 대출업체) 중 34개사에 대한 대출이 「도산우려채권」으로 평가 등급이 하향 조정되었다. 이러한 결과는 은행과 금융청 간의 채권 부실여부 판정에 대한 시각차를 반영한 것이라고 볼 수 있다. 일본은 이번에도 2003년 3월까지 특별검사를 실시하여, 대형은행들의 부실채권을 보다 엄격히 구분하여 대손충당금을 추가 설정하도록 조치하였다. 검사 대상은 2002년도 보다 50여개 늘어난 200여개 기업에 대한 채권으로 확대되었다. 추가적으로 은행이 자체적으로 회생계획을 시행하고 있는 기업에

---

13) 자산건전성분류기준은 예를 들어, BIS 위험가중치 100%인 대출채권을 다시 세분류하여 그 결과를 금융기관의 경영건전성의 평가자료로 활용하도록 한다. 따라서 각국의 금융감독당국 감독자료로 활용되기 때문에 각국의 사정에 따라 그 분류기준에 차이가 있을 수 있으며, 각 감독당국의 실제 감독 운영에 따라 분류기준에 따른 개별 채권 분류의 적정성도 차이가 나게 마련이다. 이는 외형적인 부실채권의 분류기준이 갖는 의미가 그리 중요하지 않다는 것을 시사한다(금융감독원 은행감독국, 바젤위원회의 새로운 자기자본규제(안), 2001.4).

대한 「재건계획의 실현가능성」도 검토하여 계획 수정이나 청산을 요구
할 수 있도록 하였다.

제2절 부실채권시장의 형성

Ⅰ. 부실채권시장의 개념

앞에서 부실채권을 전체 부실채권 중 금융기관의 부실대출에 따른 채권으로 한정한 바 있다. 본 논문이 금융기관이 보유하고 있는 부실채권의 정리를 원활히 하기 위한 방안을 모색하는 것을 목표로 하기 때문이다. 투자자입장에서 보아 부실대출채권은 고위험채권과 비교하여 매우 유사한 특징을 가지고 있다. 그런 의미에서 넓은 의미의 부실채권은 고위험채권까지 총괄하는 것으로 볼 수도 있다. 이러한 전제를 수용한다면 부실채권시장은 부실대출시장과 고위험채권시장으로 구성된다.

한편 부실채권이 담보부채권인 경우에는 부동산과 연결되어 부실자산시장을 형성한다. 이때 부실채권을 담보하는 부동산의 매매시장을 부동산시장이라 할 수 있을 것이다. 반면 인수 대상이 대출이나 채권과 같은 특정 자산이 아닌 기업 자체인 경우를 부실기업시장이라 한다. 부실자산시장과 부실기업시장을 포괄하여 구조조정시장이라 한다. 부실채권시장에의 진출을 준비하는 금융·투자기관의 경우, 전문화·특화된 분야에서 금융공학적인 기술과 경험을 확보해야 하며, 자금조달과 마케팅 네트워크의 인프라가 구축되어 있어야 한다.

<그림 Ⅱ-1> 구조조정 시장에 있어서 부실채권 시장의 위치

* 부실자산시장　▶부실채권시장　▶부실대출(Non-Performing Loan)시장 　　　　　　　　　　　　　　　　　▶고위험채권(Junk-Bond)시장 　　　　　　　　　▶부동산시장 * 부실기업시장

II. 부실채권시장의 형성·발전 단계

금융시스템이 발달한 선진국의 경험에 비추어 볼 때, 한 국가경제의 부실채권시장의 형성 및 발전단계를 다음과 같은 4단계로 분류할 수 있을 것이다.

- 제1단계 : 금융, 외환애로로 부실채권 양산
- 제2단계 : 공적기구(AMC)[14]를 통한 부실채권의 인수
- 제3단계 : 자산유동화회사, 기업구조조정 전문회사를 통한 부실채권의 유동화
- 제4단계 : 부실채권정리 업무별 전문화·특화된 부실채권시장 형성

금융시스템이 발달한 국가의 경우 대체로 시장별 전문화가 고도화되어 제4단계에 와 있으며, 부실채권 정리 과정(부실채권 가치산정→매입→재구조화)별로 전문화된 자산관리회사와 투자자가 존재한다.

대부분의 신흥 시장경제국가와 체제전환국가는 경제규모에 비해 부실채권 규모가 큰 반면, 수요의 제한으로 매각 실적은 상대적으로 낮고 시장 형성을 위한 법과 제도적 인프라가 미흡한 실정으로 이는 1단계에 해당한다.

현재 동아시아 국가 중 말레이시아와 같은 국가의 부실채권시장은 2단계에 진입한 것으로 평가되고 있으며, 한국의 경우는 3단계에 와 있는

---

14) 자산관리회사(AMC, Asset Management Company)란 제3자로부터 부실기업의 채권이나 부실자산을 넘겨받아 체계적·효율적으로 관리·처분함으로써 자산가치의 지속적인 유지 및 제고를 통한 회수이익의 극대화를 도모하는 회사를 말한다. 이러한 자산관리회사에는 이윤추구를 목적으로 하는 사적 회사도 있고 공적기관도 있다. 우리나라의 대표적인 공적 자산관리회사로는 한국자산관리공사(KAMCO)가 있다.

것으로 평가된다. 일반적으로는 부실채권 발생이 총체적, 구조적 위기를 초래하는가 여부, 자본시장의 발달 정도, 부실채권시장의 형성 여부, 그리고 수요를 창조할 금융투자기관의 존재 여부에 따라 부실채권정리제도의 발달양상이 달라진다.

모든 부실채권정리제도는 형태면에서 집중형과 분산형으로 구분이 가능하며, 기능면에서는 부실처리형과 구조조정형으로 구분될 수 있다. 여기서 집중형이라 함은 부실채권정리에 관한 권한을 한 기관에 집중하고 이를 통해 처리하는 방식을 말하고, 분산형은 공적 기구와 사적조직 등 다양한 경로를 통해 부실채권정리작업을 추진하는 방식을 말한다. 그리고 부실처리형이라 함은 부실기업과 별개로 부실채권의 처리에 역점을 두는 방식을 의미하며, 구조조정형이라 함은 부실채권을 발생시킨 기업의 기업개선, 퇴출, 인수·합병 등 구조조정에 주력하여 결과적으로 부실채권을 정리하는 방식을 말한다.

우리의 경우는 외환위기가 금융시스템의 위기로 확산된 총체적, 구조적 위기였기 때문에 공적기관(KAMCO)을 통한 '집중형, 부실처리형' 선택이 불가피하였다. 이는 대체로 제2단계 또는 제3단계의 처리방법으로 향후 선진국형 부실채권시장의 형성을 위해서 제도적 인프라 및 자본조달 능력의 확충, 그리고 기업구조조정 시스템 정비 등 시장 메커니즘의 확립을 통해 제4단계로의 발전이 요청되고 있다.

제3장 부실채권 정리제도의 비교

제1절 개 관

Ⅰ. 부실채권 정리제도의 의의

부실채권 정리제도는 부실채권을 보유한 채권자[1]가 이를 효과적으로 정리하도록 지원하는 제도라 할 수 있다. 부실채권시장의 형성 및 발전 단계 중 제2단계에서 주로 발달하는 제도이다. 다만 부실채권 정리제도를 좀 더 넓게 본다면 민간의 자발적인 부실채권정리시장의 운영이 활성화될 수 있도록 지원하는 법제도라고도 할 수 있다. 한편 제3단계 제4단계에서도 정부가 제도적으로 뒷받침할 것이 있다. 대표적인 것이 아래에서 언급하는 기업구조조정 관련법이라 할 수 있다.

부실채권의 정리는 부실기업의 구조조정과정에서 병행하여 나타나는 것이기 때문에 부실채권정리에 관한 법은 기업구조조정에 관한 법률과 밀접한 관련을 가지고 발전한다. 우리나라에서 기업구조조정에 관한 일반법은 회사정리법 및 화의법이라 할 수 있다. 한편 파산법이 기업의 회

---

1) 본 논문에서는 논의 대상이 되는 채권자는 주로 금융기관으로 한정한다.

생을 목적으로 하는 법이 아닌 점을 강조한다면, 기업구조조정에 관련된 법에서 제외될 수도 있을 것이다.

기업구조조정작업은 채권금융기관간 채권결집을 통해 채권단 주도에 의한 구조조정을 진행하는 형태로 진행되거나 부실기업을 사들여서 구조조정을 하여 부실기업에 대한 부가가치를 높인 다음 투자자들에게 이윤을 배분하는 방향으로 진행된다. 이는 앞에서 살펴본 바와 같이, 부실채권을 정리하는 방법으로써 기업정상화를 통해 채권가치를 높인 후 채권을 매각하는 방법과 그런 과정을 거치지 않고 직접 매각하는 방법이 있는 것과 맥을 같이 한다고 볼 수 있을 것이다.

부실채권을 정리하는 방법은 이를 보유한 기관이 채택하기에 따라 여러 가지 방식으로 분류할 수 있겠으나, 크게 나누어 1) 지속적으로 당해 채권을 보유하면서 발행기업의 경영을 정상화한 후 채권가치를 회복하여 처분하거나 당해 기업자체를 처분하는 방법과 2) 기업정상화 과정을 거치지 않고 당해 채권을 처분하여 현금화하는 방법으로 나눌 수 있다.

위의 두 가지에 대한 규율은 민법 내지 상법과 같은 일반법에 의해서도 이루어지며, 주된 규율 근거가 되는 것은 파산절차나 회사정리에 관련되는 법규범 특히 부실채권의 정리를 직접적인 목적으로 하는 특별법적인 지위에 있는 법들이다. 일반법으로서의 민법과 상법 등은 주로 관련 당사자의 권리의무관계의 안정을 주된 목적으로 하는 법인데 반하여, 부실채권정리관련법제는 한 국가경제전반의 안정을 위해 부실채권을 효과적이고 신속하게 정리하고자 하는 공적인 목적을 또 하나의 주된 목적으로 하고 있다. 따라서 부실채권정리법제도는 당해 특별법적인 지위의 성격상 기존의 일반법적인 법목적과의 적절한 조화를 모색하는 것이 매우 중요한 과제가 될 것이다.

II. 비교법적 검토의 필요성

1970년대 말 이후 세계경제는 자율화, 세계화 등의 구조적 변화를 경험하였고, 금융부문에서도 이러한 변화에 상응하여 100여 개가 넘는 국가에서 110여 개에 달하는 크고 작은 금융위기를 경험하였다. 이들 중 대부분의 국가들이 공적자금을 투입하여 위기를 신속·효율적으로 극복하고자 노력하였다. 거액의 공적자금에 기초한 금융기관의 증자 및 부실채권 매입, 예금대지급 등의 방법을 통해서 부실금융기관을 지원하였으며, 경우에 따라서는 금융기관의 채무에 대한 국가보증을 선언하기도 하였다.

대부분의 국가들이 금융위기를 극복하는 과정에서, 정부의 적극적인 역할 수행은 불가피하였다. 정부의 일차적 역할은 문제의 심각성을 진단하고 금융부문 전체로 위기가 확산되는 것을 방지하는 것이었다. 나아가 재발을 방지하는 차원에서 각국 정부는 적극적인 기업 및 금융구조조정이라는 정책을 집행하였다. 이러한 정책 집행은 곧 공적자금의 투입이라는 값비싼 대가를 지불하는 결과를 낳았으며, 각국 정부는 가능한 비용을 최소화하여야 하는 과제를 안게 되었다.

금융위기는 국가마다 그 배경이나 처리과정·방식에 있어서 상이한 면이 있지만, 변화하는 경제환경에 적절히 대응하지 못했거나 취약한 금융감독, 부적절한 법 및 회계관련 제도, 불충분한 위험관리, 무능한 결제제도 등 금융 관련 인프라가 취약했다는 점에서 볼 때, 국가간 유사성도 적지 않다. 이러한 제도적 대응방안과 더불어 각국의 거시경제 여건 및 법적 기반과 제도 정비, 금융기관의 부실화 정도 및 지배구조 등에 따라 공적자금 투입의 효과가 크게 달라진다.[2]

---

2) 예컨대 말레이시아의 경우 기본법은 영국법 체계인데 비해 문화적으로는 이자놀이, 돈놀이를 죄악시하는 이슬람 가치체계를 바탕으로 하기 때문에

공적자금을 투입하는 방식은 크게 부실금융기관의 자산매입과 자본확충 그리고 예금대지급의 세 가지로 나눌 수 있다. 우선 부실금융기관의 자산 매입과 관련하여 공적자금 투입을 효율적으로 하기 위해서 많은 국가들은 일반적으로 부실대출채권의 관리를 목적으로 하는 자산관리회사(AMC)를 설립한다. 또한 부실 금융기관의 자본확충과 예금대지급을 위한 금융기관지원기구(Bank Support Authority : BSA)를 설립하게 된다. 기존에 이러한 기능을 할 수 있는 기구를 가진 국가의 경우에도 투입될 공적자금이 클 경우에는 기존 조직 안에 별도의 기구를 설립하기도 한다.

최근 들어 세계 각국의 금융당국이 채택하고 있는 구조조정 전략은 금융구조조정 과정에서 금융기관의 경영기술 및 건전성 감독, 공공 공시제도 등에 대한 기준을 높이고 금융기관의 주주나 경영자들도 대가를 지불하는 책임분담원칙을 확립하는데 그 초점을 맞춘다. 즉 공적자금을 통한 지원으로 위기가 확산되는 것을 막되 사적 책임분담원칙을 강조하면서 금융구조조정과 부실채권 처리를 동시에 추진하는 현실적으로 타당한 방법을 취하는 것이다.

금융위기를 겪은 국가 중 금융시스템의 정상 기능 회복에 조속히 성공한 국가의 경우에, 위기의 정도가 경제 및 금융자산 규모에 비해 크지 않아 그 극복이 비교적 용이하였거나, 위기의 정도가 컸다 하더라도 조속히 적절한 대응을 하였다는 특징을 갖고 있다. 또한 성공한 국가들의 대부분은 지불불능에 빠지거나 부실한 금융기관의 직접적인 자산 처리

채권·채무를 정리하기가 쉽지 않았다. 대출이자 수준이 매우 낮고 연체자에 대한 제재가 미비되어 대부자의 도덕적 해이가 발생하기 쉬운 사회문화적 배경에서는 국제적 자본을 유치하여 부실채권을 정리하는 것이 어려웠고, 따라서 다른 나라보다 훨씬 강력한 법 제정이 불가피했다. 통상적인 법체계로 부실채권을 정리하면 제대로 정리가 안 되기 때문에 회사법이나 기타 상법보다 상위 개념의 엄격하고 강력한 특별법을 따로 만들어 강력한 부실채권정리 드라이브를 걸어야 했던 것이다(정재룡·홍은주, 부실채권정리, 삼성경제연구소, 2003. 8, 367면 참조).

의 문제뿐만 아니라 회계 및 법적 그리고 규제적 문제점을 빠른 시일 내에 모두 개선하는 포괄적 접근방식을 동원하였다. 한편 공적자금이 순조롭게 투입되고 회수될 수 있도록 제도적 개선 노력과 더불어 경제활동의 정상 수준 회복에 노력하였다는 점도 지적될 수 있다. 이러한 점에서 경제회복 없이는 공적자금의 효율적 운용도 어려웠다는 점을 인식할 필요가 있다.

Klingebiel은 2000년 세계은행 연구보고서를 통해 부실채권 정리에 대한 성과를 기준으로 성공과 실패 사례를 구분하였다.[3] Klingebiel은 부실채권정리기구를 집중형과 분산형, 구조개선형과 부실처리형 등으로 나누고, 1970년말 이후 93개국에서 일어난 112개의 금융위기 극복과정에서 부실채권 정리를 중심으로 성공 및 실패 사례를 비교 분석하였다. 협의의 기준으로는 부실처리형의 경우 5년 내 부실처리 속도를 채택하고, 구조개선형의 경우 5년 내 부실채권의 절반 이상을 정리하면 성공적 사례로 분류하였다. 광의의 기준으로 제2금융위기 유무, 실질 대출증가율 등을 설정하였다. Klingebiel은 대표적 성공국가로 미국(1984~1991)과 스웨덴(1991~1994)을 들었고, 실패한 국가 사례로 멕시코(1994)와 핀란드(1991~1994)를 들었다.

그러나 한 국가의 금융위기 극복을 부실채권 처리만을 기준으로 하여 성공과 실패 사례로 구분한다는 것은 쉽지 않은 일이며, 다양한 접근방법이 필요하다. 이는 각국 정부는 금융위기를 수습하기 위하여 일반적으로 금융기관에 대한 정부 또는 중앙은행의 출자, 예금보험제도의 활용과 국가의 지급보증, 부실자산 정리 전담회사의 설립, 부실은행의 합병 등을 포함한 국가 차원의 대응 방안을 마련하게 되기 때문이다.

또한 Klingebiel의 연구보고서는 말레이시아, 한국, 일본, 중국 등 최근 부실채권처리문제에 봉착하여 이에 대한 대응정책을 수립한 경험을 가

---

3) Daniela Klingebiel, "The Use of Asset Management Companies in the Resolution of Banking Crises", Word Bank Research Paper, 2000. 2 참조.

지고 있는 국가에 대한 연구에까지 이르지 못하였다는 한계를 갖고 있다. 본 논문에서는 Klingebiel의 연구와 최근 각계의 평가를 기초로 성공한 국가 사례의 공통점을 추출하여 세계 부실채권 정리의 효율적 방안을 모색하고 나아가 국제 표준화의 기초를 마련하고자 한다.

세계의 부실채권 시장 규모는 약 5조 달러로 추산된다. 단순히 숫자로만 보면 천문학적인 규모, 엄청난 시장이라고 할 수 있지만, 총량적인 크기로만 시장의 규모를 이해하는 것에는 한계가 있다. 부실채권 시장은 각 나라별로 엄격하게 획정되며, 진입장벽이 매우 높은 시장이기 때문이다. 즉 각 나라마다 부실채권 정리를 위한 법과 제도가 다르고 문화가 다르기 때문에, 부실채권 시장은 실물 무역거래처럼 누구나 들어가서 경쟁할 수 있는 단일·통합시장(homogeneous-integrated market)이 아니며, 시장에 높은 진입장벽이 존재한다. 자금력이나 노하우가 있다고 해서 누구나 들어갈 수 있는 일반적인 시장이 아닌 것이다. 각 나라별로 시장이 확정되고 진입장벽이 존재할 경우 부실채권 시장은 해당국가의 금융시장에서 '게토(ghetto)'화[4] 될 수 있다. 일반 금융이 상수도라면 부실채권 시장은 하수도로써 원활하게 기능해야 하는데, 시장 자체가 원천적으로 존재하지 않거나 제한적으로 존재하게 되면 하수도가 막히는 것과 같이 원활한 흐름에 장애가 생기고 나아가 전체 시스템상의 심각한 문제로 이어질 수 있다.

예를 들어 부실채권을 정리하려는 입장에서는 적시에 적절한 가격을 지불할 수 있는 고객을 찾기 어려워 적정한 가격에 훨씬 미달하는 가격에 팔지 않을 수 밖에 없고, 부실채권에 투자하는 입장에서는 투자액 자체의 회수가 불가능한 상황에 이를 수 있다는 불안감 때문에 부실채권에 대한 투자를 주저하게 된다. 그러나 각 나라별로 천차만별인 법과 규칙을 동질화하면 부실채권의 국제시장 형성과 거래가 가능해진다. 또 시

---

4) 게토(ghetto): 유대인 집단거주지역. 문제가 있을 때 근본적인 해결책을 모색하지 않은 채 정책적으로 격리만 시켜둔 지역이나 분야를 의미한다.

장이 동질화되면 정보탐색 비용이 낮아진다. 당연히 총체적인 거래비용(transaction cost)이 낮아지며 효율적인 국제 부실채권 시장을 형성해 나갈 수 있게 된다. 매각하는 측은 보다 많은 경쟁자를 확보할 수 있게 됨으로써 적정가격을 받을 수 있는 반면, 투자하는 측은 불확실성과 위험을 줄이게 됨으로써 적정가격에 투자할 수 있게 되는 것이다. 시장이 동질화되고 표준화되면 부실채권의 매도인과 매수인 모두에게 윈-윈(Win-Win) 게임이 가능해질 수 있다. 따라서 부실채권 정리 시장이 활성화되려면 러시아나 중국이나 동유럽이나 동남아 국가들이 모두 공동으로 적용할 수 있는 법과 제도의 단일화가 필요하다. 즉 부실정리를 위한 효율적이고 공통적인 시스템, 이른바 '부실채권 정리를 위한 국제표준화'가 요구된다.5)

---

5) 정재룡·홍은주, 주15)의 책, 391~393면.

제2절 미 국

Ⅰ. 부실채권시장의 형성과 발전

미국에서는 대공황 이후 비교적 큰 부실채권시장이 형성되었으나 대부분 개별 매매에 의한 사적 시장이었으며 현대적 의미의 부실채권시장과는 거리가 있었다. 이후에도 금융기관 부실채권의 정리는 자연적으로 형성된 시장에서 부실채권 금융기관과 여타 기관 간 자율적인 거래를 통해 이루어져 왔다. 그러다가 1980년대 초 중남미의 외채위기를 계기로 벌처펀드(vulture fund)[1]와 같이 해외 부실채권에 투자하는 투자수단(entity)이 발달하게 되었다.

한편 1980년대 선진국을 중심으로 금융자유화가 본격적으로 진행되면서 타 은행에 비해 상대적으로 경영이 취약한 은행이 많은 부실채권을 보유하게 되었다. 그 결과 1990년을 전후하여 미국의 저축대부조합(Savings and Loan Associations, S&L)[2] 도산 사태가 발생하게 되었다. 이러한 과정에서 미국에는 큰 규모의 부실채권시장이 형성되었으며 그 규모는 1990년 액면가 기준으로 2,000억 내지 3,000억 달러 규모에 이르게 되었다.

저축대부조합의 구조조정 과정에서 부실채권의 처리는 공적기관인 자산관리회사(Asset Management Company, AMC)라 할 수 있는 정리신탁공

---

1) 벌처펀드(vulture fund)란 파산한 기업이나 자금난에 부딪쳐 경영위기에 처한 기업의 부실채권을 염가에 인수하여 경영을 정상화시킨 후 고가에 매각하여 단기간에 고수익을 올리는 것을 지향하는 회사나 펀드를 말한다. 김형태 · 박용서, 벌처펀드의 투자전략 분석, 한국증권연구원, 1998, 3면 이하 참조.
2) 미국에서 조합원들의 주택구입 또는 주택수리비용을 제공하기 위해 조합원들의 저축을 이용하여 주택저당대출을 하는 협동저축 기관이다.

사(Resolution Trust Corporation, RTC)[3]를 통하여 수행되었다. 정리신탁공사는 공적자금을 투입하여 부실채권을 인수하고 인수한 부실채권의 가치를 산정한 후, 자산유동화 등의 수단을 통하여 부실채권을 매각하는 방법으로 투입된 공적자금을 회수하였다. 이때 공적 자산관리회사는 투자은행과 사모펀드에 부실채권을 매각하였다. 이러한 과정에서 금융구조조정이 자연스럽게 이루어지고 부실채권시장도 공개적으로 형성되는 계기가 마련되었다. 사실 이전까지는 부실채권은 투자은행이 기피하는 투자대상이었다. 금융구조조정이 마무리되면서 미국의 정리신탁공사는 해체되었고 많은 직원들이 투자은행, 사적 자산관리회사, 사모펀드, 회계법인, 컨설팅회사 등으로 이직하였다. 이들은 그동안 자신들이 쌓은 노하우를 활용하여 부실채권을 인수, 중개, 매각하는 기능을 수행함으로써 이후에도 자율적인 부실채권시장이 발전하는 밑거름이 되었다.

---

3) 정리신탁공사(Resolution Trust Corporation)는 부실 저축대부조합을 통합적으로 정리하기 위해 과거 연방저축대부보험공사(Federal Savings and Loan Insurance Corp.)를 대체하여 설립된 조직이다. 1989년 8월 9일 제정된 금융기관 개혁법(FIRREA)에 의하여 미국에서 제일 큰 금융기관으로 설립된 RTC는 1995년까지 활동한 한시적 기구이었다. RTC의 행동지침은 다음과 같다(한국은행 경제연구소 업무참조자료, 파산금융기관의 정리 – 미국 RTC의 사례, 1996. 12 참조).

<RTC의 행동지침>
- 부동산, 주식 기타 금융자산을 헐값에 처분하는 것은 피할 것. 이는 시장을 불필요하게 교란시킬 뿐이므로 전문역량을 발휘하여 대상자산을 차근차근 매각할 것.
- 자산의 원 소유자들이 사업을 계속할 수 있도록 대출계약을 다시 체결하는 등 협의와 양보를 통한 해결방안을 모색할 것.
- 대출채권의 연체는 채무자의 상환능력이 전무한 것인지, 일시적인 자금난 때문인지 구별할 것.
- 자산을 증권화할 때에는 투자자의 저변을 넓힐 수 있도록 가격을 낮추고 비용을 절감할 수 있도록 물량을 확대할 것.
- 부동산업자, 변호사, 경영관리 전문가에게 일을 맡길 때에는 업무처리 절차를 표준화하고 경쟁입찰 방식을 도입할 것.

특기할만한 것은 부실채권의 진원지인 텍사스와 캘리포니아를 중심으로 대규모 부실자산투자회사가 조직되었다는 점이다. 텍사스와 캘리포니아에서 저축대부조합의 파산이 많았던 이유는 1980년대 개발붐을 타고 대규모 주택개발이 이루어졌고, 오일파동으로 급등한 유가 때문에 팽창한 부가 유가 하락으로 일시에 위축되어 지역경제가 침체되었기 때문이다. 텍사스의 대표적인 부실자산처리 기업으로는 Lone Star, Colony Capital, JE Roberts 등이 있고, 캘리포니아에서는 Houlihan Lockey & Howard가 성장하였다.

이와 아울러 Goldman Sachs, Morgan Stanley, Salomon Brothers 등 전통적으로 기업금융에 전문적 지식을 가지고 있던 투자은행도 부실채권시장에 참여하게 되었다.

II. 80년대 부실채권 문제의 발생 배경

미국은 전술한 바와 같이 시장을 중심으로 한 구조조정이 지속적으로 진행되어 왔다. 한편 정부 차원에서도 금융위기 발생에 대한 예방적 차원의 노력이 많이 이루어졌다. 연방예금보험공사(FDIC) 등 감독기관의 적극적인 감독 활동이 그 예이다. 그럼에도 불구하고 미국에서는 과거 여러 차례의 금융위기가 발생하였다. 그중 대표적인 것이 1980년대 저축대부조합의 부실이 야기시킨 금융위기이다.[4]

1980년대 초에 발생한 저축대부조합 위기는 기본적으로 인플레이션에 따르는 금리상승과 같은 경제적 요인과 금리자유화 및 금융자율화에 따르는 금융기관 간 경쟁 격화라는 금융환경의 급격한 변화에 금융감독기관이 적절하게 대응하지 못한 것에 기인하는 측면이 있다. 1970년대 말 저축대부조합들은 물가상승율과 시장이자율이 이미 높은 수준에 있

---

4) FDIC, Managing the Crisis: the FDIC and RTC Experience 1980~1994, 1998 참조.

음에도 불구하고 이자율규제에 때문에 높은 예금 이자율을 제시할 수 없어 대규모 예금인출에 직면하게 되었다. 원래 저축대부조합은 변동금리의 단기자금인 가계부문의 소액 저축성 예금을 모아 고정금리의 장기 저당대출인 모기지 론(mortgage loan)을 취급하던 금융기관이었다.

저축대부조합들은 이를 극복하기 위해 이자율규제를 적용받지 않는 10만 달러 이상의 고액 양도성예금증서(CD)를 발행하게 되었다. 결국 저축대부조합들은 고금리의 단기성 예금을 통해 조달한 자금으로 고유 업무였던 주택저당대출 등 저금리성 장기대출을 운영하였으며, 이로 인하여 경영이 크게 악화되었다. 70년대 후반 고금리 금융상품이 등장하면서 조달금리가 상승하여 역마진이 발생하자 저축대부조합들은 자금을 수익성 높은 부동산 대출로 전환시켰으나, 1987년 이후 부동산 경기 침체로 오히려 막대한 투자 손실을 감수하여야 했다. 나아가 손실 보전을 위해 저축대부조합들이 투자 범위를 확대하여 정크본드와 파생상품 등에도 투자하는 고수익·고위험 정책을 취한 것은 오히려 부실을 더욱 가중시키는 결과를 초래하였다.[5]

위에서 언급한 저축대부조합의 행태 외에도, 1980년대 미국의 저축기관이 붕괴한 데에는 과도한 규제완화, 취약한 재무구조, 무능한 경영진, 경기침체 등 여러 가지 원인이 복합적으로 작용하였다. 더욱이 저축대부조합 업계가 연쇄 도산의 위기에 처할 무렵 저축대부 조합이 30%의 비중을 차지한 정크본드시장이 활기를 띠고 있었으나, 정부가 저축대부조합에 대하여 투자 등급 미만의 유가 증권에 대한 투자를 금하고 기 투자분은 즉시 처분할 것을 명함에 따라 정크본드시장은 붕괴되고, 이어서 저축대부조합이 대거 도산하게 되었다.

미국의회는 저축대부조합의 경영 개선을 위해 1980년 「예금금융기관규제완화및통화관리법」(DIDMCA)과 1982년 「예금취급금융기관법」(DIA)

---

5) 이상영, "금융위기와 RTC 역할", 자산 디플레이션 부동산 증권화, 한국 건설산업연구원, 1998 참조.

을 제정하여 예금이자율에 대한 규제를 완화하고자 하였다. 그러나 이러한 규제완화에 상응하는 건전성 감독은 게을리 함으로써 예금자와 금융기관의 도덕적 해이가 증가하게 되었다. 고금리 단기자금을 조달하여 저금리가 적용되는 주택저당대출에 운용하는 현상이 심화되면서 1981년부터 저축대부조합들의 경영위기가 표면화되기 시작하였다.

또한 이 과정에서 연방 감독당국이 부실화된 저축대부조합을 신속히 정리하지 않고 자력회생을 기대하며 관용정책으로 일관한 것도 부실의 확산을 막는데 실패한 요인으로 들 수 있다. 저축대부조합의 감독기구였던 연방주택금융은행이사회(FHLBB)는 채무초과에 놓인 저축대부조합을 폐쇄하기 보다는 연명시키는 정책을 실시하였다. 이 결과 저축대부조합은 금리경쟁에 더욱 매달리게 되면서 더욱 더 고수익·고위험 경영을 추구하게 되었다. 이에 따라 저축대부조합의 부실채권이 급증하고 관련 보험사고 지급액이 늘어나면서 저축대부조합의 보험기구인 연방저축대부공사(FSLIC)[6]가 사실상 지급불능 상태에 놓이게 되었다. FSLIC의 1986년초 기금 잔액은 46억 달러였으나 동년말에는 63억 달러의 부족액이 발생할 정도로 1986년 저축대부조합의 도산이 줄을 이었다.

이러한 원인들을 배경으로 80년대부터 저축대부조합의 파산이 증가하기 시작하면서 88년 한 해에 200개 이상, 80년에서 95년까지의 기간 동안 1,600여 개가 파산하여 총 4,000여 개의 저축대부조합 중 40% 가량이 부실화하는 금융위기를 맞게 되었다. 이에 미국정부는 1987년 FICO(Financial Corporation)를 설립하여 30년 만기의 FICO채권 82억 달러를 발행하였으며 이 중 75억 달러를 연방저축대부보험공사(FSLIC)에 지원하였으나, 이마저 소진되자 1989년 8월 금융기관개혁구제법(FIRREA)을 제정하면서 연방예금보험공사(FDIC)가 직접 개입하게 된다.

---

6) 연방저축대부보험공사(Federal Savings and Loan Insurance Corporation)로서 1989년 FDIC의 저축대부조합보험기금으로 이관될 때까지 저축대부조합의 저축계정을 대상으로 예금보험업무를 담당하였다.

III. RTC 설립과 부실금융기관의 정리

1. 금융기관개혁법의 부실금융기관 정리 체계

금융기관개혁법에 따라 1989년 9월 FSLIC와 감독기관인 FHLBB가 폐쇄되었다. FSLIC 폐쇄를 위한 FSLIC청산기금을 FDIC[7] 내에 설립하고 FCIO의 채권발행잔액 7억 달러를 동기금이 승계하였으며, 저축대부조합의 보험업무는 FDIC로 이전하기에 이르렀다. 또한 동법에 의거하여 1989년 1월1일부터 1992년 8월9일 중 도산한 저축대부조합을 처리하기 위해서 정리신탁공사(RTC)를 설립하였다. 이를 위하여 정리기금공사(REFCORP)를 설립하고 만기 30년과 40년의 REFCORP채권을 300억 달러 규모로 발행하여 이를 저축대부조합에 출자하였다. 동법은 또한 폐쇄된 FHLBB를 대신하여 저축대부조합의 감독기관으로 저축기관감독청(Office of Thrift Supervision, OTS)을 신설하였으며 폐쇄된 FSLIC의 부보 기능을 대신하여 FDIC 내에 저축조합보험기금(SAIF)을 설립하였다. 이는 저축대부조합에 대한 감독 체계가 일반 시중은행 수준으로 격상되었음을 의미한다. 그리고 저축대부조합에 대해서는 자본금 요건을 높이고 정크본드의 보유를 금지하며, 부동산 관련 대출을 자기자본의 4배 이내로 제한하는 등 건전성 감독을 은행 수준으로 강화하였다.[8]

---

7) 연방예금보험공사(Federal Deposit Insurance Corporation)로서 연방준비제도 가입은행과 예금보험제도에 가입한 은행의 예금자를 보호하며, 주인가은행(state chartered bank)에 대한 감독권한을 가지고 있다.
8) 예금보험공사 조사부, "미국 RTC에 의한 부실 저축대부조합 처리", 조사정보 99-3, 1999 참조.

2. RTC의 역할과 법적 지위

저축대부조합의 감독기관인 FSLIC도 저축대부조합 위기가 시작된 1986년에서 1989년 신설된 RTC에 업무를 인계할 때까지 총자산 규모 1,250억 달러에 달하는 296개 부실 저축대부조합을 정리하였다. 금융기관개혁법에 의해 저축대부조합의 집단 부실문제를 전담하게 된 정리신탁공사(RTC)는 우선 FSLIC가 시행한 파산 저축대부조합의 처리 작업을 재점검하고 연방자산정리협회(FADA)를 해체하였다. 그러나 정리신탁공사의 역할 중 무엇보다도 중요한 것은 파산한 금융기관의 청산에서 부실채권 회수 및 일정 한도의 예금대지급 등의 업무를 수행하였다는 점이다.

한시적 조직이었던 정리신탁공사는 1989년 8월 9일부터 1996년 12월 31일까지 6년 5개월 동안 모두 747개의 저축대부조합을 정리하였다. 정리신탁공사가 정리한 부실채권의 규모는 3,940억 달러로 당시 저축대부조합업계 총자산의 25%에 해당하는 규모이다. 정리신탁공사는 1993년 말에 제정된 「RTC완료법」에 따라 1996년말 업무를 종결하고, 잔여 업무는 연방예금보험공사(FDIC)로, 잔여자산과 부채는 저축기관보험기구(SAIF)로 인계하였다.

정리신탁공사는 스스로가 관리자나 인수자로 지정되어 있거나 지정될 부실 저축대부조합의 관리 및 청산을 수행하였는데, 이는 FDIC가 가지고 있는 법적 권한과 책임에 근거하고 있는 것이었다. 이러한 법적 권한에는 해당 저축대부조합에 대해 통폐합이나 합병을 권유하는 것을 비롯하여, 가교은행을 설립하고, 처리 대상 금융기관의 우선주 및 보증채를 보유하고, 부실금융기관이나 이들 금융기관에 속한 자산 관련 담보권을 보유하는 것 등이 있다. 정리신탁공사와 FDIC는 그밖에도 해당 금융기관의 영업과 관련 통제권을 행사할 수 있으며 해당 금융기관들은 해당 법규 이외에도 연방금융감독기관들의 감독을 받아야 한다.[9]

3. RTC의 조직

FDIC와 정리신탁공사는 RTC감독위원회를 통해 공동으로 RTC의 전략과 정책을 수립하고 개발하였다. 감독위원회의 위원장은 재무성 장관이 맡았고, 위원은 연방준비위원회 의장, 주택도시개발장관, 민간위원 2인(대통령 지명으로 선정)으로 구성하였다. 이 감독위원회는 1991년 11월 「RTC개선법」에 의해 '저축기관보호감독위원회'로 개편되게 된다.

초기에는 FDIC가 RTC 관리자로서의 역할을 수행하기 위해 FDIC 의장이 정리신탁공사의 의장직을 맡고 FDIC 이사회가 RTC 이사회 업무를 수행하였으나, 91년 「RTC개선법」 이후에는 RTC 의장은 별도로 두었다. 총 직원수는 7,000여명이었는데 간부직은 대부분 FDIC 출신이었고, 나머지 직원은 폐쇄된 연방주택자금대출이사회(FHLBB)와 연방저축대부보험공사(FSLIC) 출신이 대부분이었다.

4. RTC의 업무 성격

정리신탁공사는 부실 S&L의 보전관리인(conservator, 우리나라의 법정관리인에 해당) 또는 청산관리인(receiver)으로서 부실 저축대부조합을 관리, 정리하였다. 정리신탁공사는 신규자금을 지원하는 등의 적극적인 워크아웃은 하지 않았다. 따라서 정리신탁공사가 수행한 부실채권 정리는 저축대부조합의 보전관리 · 청산 과정상에서 발생하는 사후적 업무로서

---

9) RTC는 법률적으로는 정부가 출자한 회사(government corporation)인 '공사'로 번역되고 있으나, 저축대부조합 정리에 관해서는 실제적으로 FDIC와 동일한 권한을 가졌다. 즉 정부기관인 '청(廳 : agency)'의 성격을 지녔다 할 수 있다. 따라서 정리신탁공사는 한국 KAMCO와는 조금 다른 성격을 가졌다 할 수 있을 것이다. 정리신탁공사는 부실채권 정리를 전담한 기구라기보다는 금융기관(저축대부조합)을 정리하는 '작은 FDIC'라 할 수 있다.

의 성격이 강하였던 것으로 볼 수 있다.

법으로 규정되어 있는 정리신탁공사의 주요 업무는 부실 저축대부조합의 정리, 자산 처분, 적정가의 주택 공급, 윤리적 기준과 이익 간의 갈등 해소, 외부적 관계 조정 및 제반 관련 행정 업무로 정리할 수 있다. 1990년대 초 미국이 부실금융기관을 정리했던 전략의 기본 틀은, 부실화된 일반 시중은행의 정리는 FDIC가 전담하고, 부실 저축대부조합의 정리는 정리신탁공사가 한시적으로 전담하는 것으로 요약할 수 있다.[10]

IV. RTC의 부실정리 방법

1. 저축대부조합의 인수 및 정리 절차

1) OTS의 회생 가능성 결정과 RTC의 저축대부조합 (S&L) 인수: 1단계

첫 단계로 OTS는 파산한 저축대부조합의 재무 상태를 조사하여 회생 가능성이 있으면 직접 자금을 지원하거나 인수합병을 주선하였고, 회생 가능성이 없는 경우에 정리신탁공사를 통해 정리 절차에 들어가게 하였다.

2) 신속정리프로그램(Accelerated Resolution Program) 적용: 2단계

정리 대상으로 선정된 부실 저축대부조합 중 높은 영업권 및 시장성

---

10) 박훤일, "미 금융산업의 개편과 정리신탁공사의 역할", 산업경제 105호, 1998.

이 인정되는 경우에는, 정리신탁공사가 직접 관리하는 보전관리로 편입하기 이전 단계에서 시장에서 직접 인수자를 찾는다. 이렇게 신속정리 프로그램에 의해 정리한 저축대부조합은 41건으로, 이는 전체 조합 중 5%에 해당한다.

3) 보전관리(Conservatorship) : 3단계

대상 조합이 보전관리 대상으로 선정되면, 실사 후 본격적인 정리 절차에 들어간다. 자산보전이 결정되면 자산의 시장가치를 파악한 후, 본격적인 인수합병 매각을 모색하게 된다. 이 경우 매각은 주로 P&A(자산부채인수)방식으로 이루어졌는데, 주 협상 대상 기관은 은행 또는 우량 S&L이었다. 시장성이 없는 저축대부조합은 청산관리인을 선정하여 청산관리 절차를 밟게 된다.

4) 청산관리(Receivership) : 4단계

영업정지가 결정되면, 청산관리인이 임명되어 보험금 지급 등 본격적인 청산절차를 밟게 하였다.

2. 저축대부조합의 정리 원칙

정리신탁공사가 저축대부조합을 정리하는 기본 원칙은 다음 방식 중 정리비용 부담이 적게 드는 순으로 정리하는 것이었다.[11]

1) 신속정리프로그램(ARP)

높은 영업권이 인정되거나 정리대상 조합에 관심 있는 인수 희망자가

---

11) IMF경제정보 98-33, "RTC와 우리나라 성업공사의 비교분석", 1998.

나서는 경우, 보전관리 이전 단계에서 비공식적인 마케팅을 통해 매각하는 방식이다. 장시간이 소요되는 청산에 따른 기업가치의 하락을 사전에 방지하기 위해서 정리신탁공사가 초기 단계에서 주로 적용하였던 방식이다.

2) 자산부채인수(P&A) 방식

건전한 금융기관이 저축대부조합의 자산과 부채의 전부 또는 일부를 매입, 인수하는 방식이다. 부보예금 외에 비부보 예금도 승계 가능했기 때문에 예금자에 대한 지급보장과 지속적인 예금서비스로 금융 혼란을 최소화할 수 있었다. 한국에서는 P&A방식을 '계약이전 방식'이라고 하는데, 예금자 보호를 위하여 정부가 대지급해야 할 의무가 있는 경우 예금 채무를 우선적으로 인수(assumption)시키고, 그 범위에서 우량 자산만 매입(purchase)하게 하는 '대물 변제 약정'이 포함되어 있다.

3) 부보예금이전(Insured Deposit Transfer : IDT) 방식

부실화된 저축대부조합의 부보예금계좌를 건전 금융기관에 이전하고, 건전 금융기관이 부보예금을 지급하거나 고객으로 거래하였다. 부보예금계좌 이전에 따른 프리미엄(영업권 가치)만큼 비용 절감이 가능한 방식이다.

4) 부보예금지급(Insured Deposit Pay-off : IDP) 방식

정리신탁공사가 예금자에게 직접 부보예금을 지급하고 청산대상 저축대부조합의 자산을 보유하는 방식이다.

3. 정리 실적

정리신탁공사가 1989년부터 1995년까지 7년간 정리한 총 747개의 저축대부조합의 내역을 정리 형태별, 정리 방법별로 구분하여 정리하면 아래 표와 같다.

<표 III-1> 형태별 정리 내역

구 분	건 수	비 율(%)
은행에 의한 인수합병	433	58.0
우량 조합에 의한 인수합병	222	29.7
청 산	92	12.3
합 계	747	100.0

* 출처: FDIC, "Managing the Crisis"

<표 III-2> 방법별 정리 내역

구 분	건 수	비 율(%)
P&A 방식	497	66.4
부보예금이전 방식	158	21.3
부보예급지급 방식	92	12.3
합 계	747	100.0

* 출처: FDIC, "Managing the Crisis"

4. RTC의 자금조달

정리신탁공사는 운전자금과 부실 저축대부조합 정리에 따른 손실을 보전하기 위해 자금을 조달하였다. 여기서 손실보전이란 저축대부조합 인수를 위해 투입되는 총비용(부보예금지급 등)에서 자산 처분에 의한 회수액을 차감한 순손실분에 대한 보전을 말한다. 대표적 자금조달원은 재무성 지원금, 연방금융은행(FFB) 또는 정리금융공사(REFCORP)로부터의 차입금, 저축대부조합 처분에 따른 회수금, 보전 관리중인 S&L의 예금이었다. 정리금융공사는 정리신탁공사를 대신하여 자금 차입을 전담하기 위하여 설립된 기관이다.[12]

조달된 자금의 총액은 1,050억 달러이었는데, 초기에는 회수 가능 예상액의 85%를 FFB로부터의 대출로 조달하여 나중에 회수자금으로 상환하였다.

5. 자산매각의 원칙 및 기본전략

정리신탁공사는 정리비용을 최소화하고 예금자 보호를 극대화하기 위해 가능한 한 저축대부조합 자체를 P&A방식으로 건전 금융기관에 인수시키려 하였고, 건전 금융기관에서 인수하지 않은 자산이나 청산정리 대상인 저축대부조합의 자산은 정리신탁공사가 직접 매각하였다. 이 과정에서 순재산의 가치감소율이 높은 자산부터 먼저 처리한다는 기본전략 하에 저축대부조합의 정리는 부실이 심한 조합을 먼저 정리하였고, 자산의 정리는 우량한 자산을 먼저 매각하였다. 이와 같은 원칙은 금융기관개혁법상의 5대 자산정리 원칙으로 이어졌는데 그 내용은 다음과 같다.

1) 매각 또는 정리를 통해 얻을 수 있는 수입액의 현재가치를 최대화
2) 해당지역의 부동산시장 및 금융시장에의 영향을 최소화
3) 부실조합 정리 목적 기금을 최대한 효율적으로 사용
4) 정리로 인한 손실의 최소화
5) 중·저 소득층에 대한 저렴한 주택 공급을 최대한 유지

---

12) 강호성, "FDIC와 RTC의 자산매각과 시사점", KDIC 금융연구, 예금보험공사, 2000. 4.

위의 정리 원칙은 서로 상충하는 부분이 있어 정리신탁공사의 마케팅 전략 수립에 곤란을 초래하기도 하였다. 특히 1)과 2)·5)가 상충하는 원칙이었는데, 이것은 정리신탁공사가 지역에 따라서는 해당 지역의 부동산시장을 좌우할 정도로 많은 부동산을 보유하였기 때문이었다.

6. 자산 매각 방식

정리신탁공사는 유동성 제약(보유 자금의 제한) 정도와 각 방법의 비용을 비교함으로써 최적의 매각 방식을 선택하였는데 자산매각 방식은 우선 직접매각 방식과 간접매각 방식으로 구분할 수 있다. 직접매각 방식에는 개별매각, 경매, 경쟁입찰 등이 포함된다. 간접매각의 대표적인 방식은 민간기관과 위탁계약하는 방식, MBS, ABS 등 증권화하는 방식, 그리고 지분참여 형태의 합작투자 방식을 들 수 있다.

정리신탁공사는 자산 형태에 따라 매각전략을 달리하였는데, 신속하고 높은 회수율을 거두기 위해 전국 시장을 대상으로 하는 도매 방식을 우선적으로 채택하였다. 원리금이 상환되고 있는 우량한 1-4세대의 주택저당채권, 다세대(5세대 이상) 주택 및 상업용 건물 저당채권, 기타 저당채권은 우선적으로 증권화 방식을 적용하였다. 연체중인 다가구와 상업용 저당채권은 합작투자, 특히 다수투자자 기금합작(Multiple Investor Fund Partnership ; MIFP) 방식으로 매각하였다. 연체중인 1-4세대 저당채권, 소비자대출, 그 외에 증권화 또는 합작투자에 적합하지 않은 자산은 다양한 직접매각 방식을 적용하였다. 자산 형태별 주요 매각 전략은 다음 표와 같다.13)

---

13) 한국자산관리공사, "RTC 집중연구", KAMCO REPORT, 2002. 11.

<표 III-3> 자산형태별 매각 방식

자산 형태	주택저당채권	상업용 다가구 저당채권	유입 부동산	비투자등급 증권
우량자산	·증권화 ·경쟁입찰	·증권화 ·합작투자 ·경쟁입찰	·중개인에 의한 개별 매각 ·합작투자 ·경쟁입찰	·경쟁입찰 ·발행자에게 매각 ·교환/입찰 제안
부실자산	·포괄 처분 ·합작투자 ·경쟁입찰	·경쟁입찰 ·합작투자 ·개별대출매각		

* 출처: FDIC, "Managing the Crisis"

V. RTC의 성공 요인

미국의 정리신탁공사에 의한 부실채권 정리가 대표적인 성공사례로 평가받게 된 첫째 요인으로 자산관리인에 대한 다양한 보상체계를 들 수 있다.[14] 정리신탁공사는 정리 과정에서 자산관리인에 대한 다양한 보상체계를 제공함으로써 자산 정리의 효율성을 크게 제고할 수가 있었다.

둘째 성숙된 미국 자본시장 여건도 성공 요인 중의 하나이다. 저축대부조합의 자산의 대부분이 주택저당채권(총 인수자산의 68.8%)이었기 때문에 MBS(주택저당담보부채권)가 발달된 미국자본시장에서 쉽게 소화될 수 있었다. 특히 미국의 경우에는 자본시장이 발달하였기 때문에 다양한 금융상품을 활용할 수 있었으며, 부실채권의 비중이 금융시장 전체 규모에 비해 안정성을 저해할 정도로 크기 않았기 때문에, 시장을 최대한 활용하는 부실채권 처리방식이 성과를 거둘 수 있었다. 또한 정크

---

14) RTC는 민간 위탁방식의 자산 처분시, 민간 자산관리인에게 자산 처분의 효율성을 높이기 위하여 인센티브 제도를 도입하였다. "자산관리 수수료"(자산가치의 1%정도) 이외에도, 민간 자산관리인이 매각가격을 높이는 노력을 유도하기 위하여 매각가격의 2%에 해당하는 "자산처분 수수료"를 지급하였다.

본드시장이 발달되어 있어서 부동산 정리가 용이하였다 할 수 있다. 더욱이 저축대부조합의 부도위기가 금융 전반에 확대될 정도의 총체적·구조적 위기가 아니어서 다른 금융기관으로의 인수·합병 등이 가능했던 점도 간과할 수 없는 주요 성공요인으로 들 수 있다.

이 외에도 정리신탁공사가 채택한 효율적인 매각 전략 및 다양한 기법을 성공 요인으로 들 수 있다. 즉 다양한 성격의 자산을 각 자산의 우량·부실 정도, 처리비용, 수익성 등을 고려하여 경매 등의 직접매각 뿐만 아니라 증권화, 민간위탁, 합작투자 등 다양한 방법을 구사한 것이 주요 성공요인으로 작용하였다.

마지막으로 정리신탁공사는 정형화된 방식에 따라 공개적이고 경쟁적으로 정리 절차를 수행하였기 때문에, 정리신탁공사의 정책 및 운영에 명성을 높이고 정리를 신속하게 진행할 수 있었다. 운영 차원에서 정리신탁공사는 재산관리인에게 여러 유인체계를 마련함과 동시에 부실경영에 따른 감독제재 및 민·형사 소송의 대상 및 처벌기준을 엄격하게 운영함으로써 부실자산처리의 효율성을 높였다.

제3절 한　국

Ⅰ. 부실채권 정리제도

1. 개　관

　　여기서는 부실채권정리제도의 개념을 넓게 보아 부실채권의 보유기관이 당해 부실채권을 정리하는 데 있어 신속성과 효율성을 도모하기 위한 제도로 보고 한국에 도입된 제도에 대해 논하고자 한다. 이에 관한 법으로는 협의의 부실채권정리제도에 관한 법이라 할 수 있는 자산관리공사법, 부실채권매각방식에 관한 「자산유동화에관한법률」(이하 '자산유동화법'이라 한다), 「주택저당채권유동화회사법」 등이 있다. 이 외에도 전통적인 도산 3법과 기업구조조정에 관한 「기업구조조정촉진법」, 「산업발전법」 및 「기업구조조정투자회사법」등과 같은 기업구조조정에 관한 법이 있다. 기타 구체적 법적 근거는 없지만 금융기관간 자발적 협약에 의한 부실채권정리, 합작자산관리회사제도도 부실채권정리에 사용되는 방법에 속한다.

2. 전통적인 법제와 통합도산법의 추진

　　한국에서 부실채권정리를 위한 전통적인 법제에는 기업의 구조조정과 관련된 도산 3법, 즉 파산법, 화의법 및 회사정리법 등이 있다. 그런데 이 도산 3법에 대해서는 여러 문제점이 지적되어 왔다. 특히 IMF외환위기 이후 기업 도산의 급증으로 인해 부실기업의 효율적 처리 문제가 사회적 주요 이슈로 부각되었다. 외환위기 이후 회사정리법이 몇 차례 개정되고, 서울지방법원에 전담재판부와 관리위원회가 설치되는 등 도산제도에 변화가 있었으나, 구조적 문제점은 여전히 해결하지 못 하고 있었다. 채무자의 회생 및 파산에 관한 사항들이 회사정리법, 화의법 및 파산법으로 분산되어 있어 각 법률마다 적용대상이 다를 뿐만 아니라, 특히 회생절차의 경우 회사정리와 화의로 이원화되어 있어 그 효율성이 크게 떨어졌다. 또한 기존의 상법과 도산 관계법은 국내 기업들이 기업집단으로 서로 얽혀 있다는 현실을 무시하고 개별 독립회사를 중심으로 만들어져 있어, 그룹계열사간 지급보증과 상호출자로 얽혀 있는 대규모 기업집단에 속한 계열회사의 부실에 대해 효과적으로 대응하기 곤란한 체계로 되어 있었다.

이에 법무부는 이러한 문제들을 해결하고 부실기업의 효율적 처리를 위해 도산법의 단일화, 도산법원의 설치 등 통합도산법 도입을 추진하였고, 마침내 2005년 2월 28일에 「채무자회생및파산에관한법률(안)」이 국회 법제사법위원회를 통과되어 동년 3월 2일 본회의에서 가결 되었다.[1] 통합도산법은 현행 회사정리법, 화의법, 파산법을 하나로 통합하여 법률체계를 일원화하고, 그동안 실효성이 의문시되어 왔던 화의법을 폐지하고 회사정리 절차를 개선·보완하고 개인회생제도를 도입하였다.

내용면에서는 회생절차에 있어 미국의 DIP(debtor in possession) 제도를 상당 부분 도입하고, 개인회생 절차를 신설하여 부채가 과다한 개인들에 대하여 재출발할 수 있는 기회를 제공하였으며, 파산절차에 있어서도 면책신청시기 및 면책재산제도를 대폭 개선하여 파산절차의 이용을 확대하도록 노력하는 등 전반적으로 채무자로 하여금 통합도산법을 조기에 이용할 수 있도록 유도하였다. 채무자가 도산 법률을 조기에 이용하면 할수록 그 이익은 채권자에게 귀속되므로, 결국 이러한 제도는 채권자들에 대한 상환 극대화를 유도하는 제도가 될 것이다.[2]

---

1) 이법은 공포후 1년 경과한 날인 2006년 3월 1일부터 시행된다.

3. 자산관리공사법

1) 자산관리공사법의 제정과 개정경과

1997년 경제위기를 겪는 과정에서 기업의 잇단 도산에 따라 금융기관의 부실채권이 급증하게 되어 금융권의 처리능력에 대한 불신, 대외신인도 하락 및 신용경색에 따른 기업의 자금사정 악화 등이 지속되었다. 부실채권의 규모가 금융 전 분야에 걸쳐 광범위하게 늘어나고 있는 상황에서 대규모의 부실채권을 민간부문이 처리하기에는 한계가 있다는 인식에 따라 정부주도의 구조조정기구 설치 필요성이 제기되었다.

이에 따라 그 동안 금융기관의 부실채권 및 부실자산을 수동적으로 위탁받아 정리하는 기능을 가지고 있던 한국자산관리공사(구 성업공사)를 부실채권정리 전담기구로 확대개편하면서 자산관리공사법을 1997년 8월 22일 제정하였다. 자산관리공사는 부실채권을 원칙적으로 시장가격에 따라 매입하고, 매입한 부실채권은 매입자산의 성격을 감안하여 다양한 방식으로 처분하였다. 자산은 자산담보부증권(asset-backed securities; ABS) 발행, 국제입찰, 채권개별매각, 법원 경매, 자산관리공사의 자체 공매기능 등을 이용하여 매각해 오고 있다. 담보가 없는 부실채권은 채무자의 은닉재산 조사를 통하여 채권을 회수하되, 이 과정에서 공공기관의 전산자료를 활용할 수 있도록 하였다.

한편 부실채권정리의 효율성 제고와 중소기업구조조정의 역할 증대가

---

2) 이러한 도산법의 정비는 이제 우리나라에 국한된 문제가 아니라 국제적인 추세를 이루고 있다. UN의 국제상거래법위원회(UNCITRAL)는 「국제도산법에 관한 모델법안」을 1997년 12월 15일 UN 총회에서 채택하였고, 미국은 1898년에 제정된 현행 연방파산법의 개정을 최근 추진 중이다. 독일은 이미 1994년 기존 법률을 통합한 새로운 도산법을 제정하여 1999년부터 시행 중이다. 일본 또한 1999년 민사재생법을 제정하고 2002년에는 회사갱생법을 개정하여 2003년 4월부터 시행 중에 있다.

필요해짐에 따라 1999년 4월 자산관리공사법을 개정하여 자산관리공사에 배드뱅크(bad bank)로서의 기능을 추가로 부여하게 되었다. 이에 따라 자산관리공사는 기업구조조정 과정에서 발생하는 부동산을 매입, 관리함과 동시에 인수한 부실채권의 정리와 관련하여 채무기업에 대한 자금대여, 출자전환 및 지급보증 등 기업개선업무를 수행할 수 있게 되었다.

2) 부실채권 및 부실자산의 매입

부실채권의 양도 및 양수를 자산관리공사를 중심으로 한번 더 거치게 됨에 따라서, 기존의 민법 및 민사소송법상 규정이 부실채권을 신속하고 원활하게 정리하는데 장애가 된다는 지적이 나타나게 되었다. 자산관리공사법에서는 이러한 문제를 해결하기 위하여 민법·민사소송법 및 민사집행법에 대한 특례조항을 두고 있다.

(1) 지명채권양도의 대항요건에 대한 특례

부실채권 또는 부실자산의 매입절차에 대한 특례의 하나로서 공사가 부실채권의 보전·추심(가압류, 가처분, 민사소송법 및 민사집행법에 의한 경매 및 소송 등에 관한 일체의 행위를 포함의 수임 및 인수정리)의 수임 및 인수정리에 의하여 인수한 담보부 부실채권의 저당권설정등기에 관해 자산관리공사의 명의로 저당권이전의 부기등기를 마친 경우에는, 부기등기를 마친 때에 통지 또는 승낙이라는 민법 제450조의 규정에 의한 대항요건을 갖춘 것으로 본다(자산관리공사법 44조).

(2) 경매를 통한 매수에 있어 담보제공에 관한 특례

부실채권 또는 부실자산의 매수절차에 대한 특례의 하나로서 자산관리공사는 민사집행법에 의한 경매절차에서 매수신고인이 되고자 하거나 부실채권의 보전·추심(가압류, 가처분, 민사소송법 및 민사집행법에 의한 경매 및 소송 등에 관한 일체의 행위를 포함의 수임 및 인수정리)의 수임 및 인수정리의 업무를 수행하기 위하여 채권의 회수를 위탁한 금융기관을 대리하여 매수신고인이 되고자 하는 경우에는, 보증을 따로 집행관에게 제공하도록 하는 민사집행법 제113조의 규정에도 불구하고 공사의 지급확약서를 담보로 제공할 수 있다(자산관리공사법 45조).

(3) 부동산의 인수에 대한 특례

부실채권 또는 부실자산의 매입절차에 대한 특례의 하나로서 자산관리공사가 업무를 수행하기 위하여 인수한 부동산에 대하여는 「부동산등기특별조치법」 제3조 및 동법 제4조의 규정을 적용하지 아니한다(자산관리공사법 45조의 3). 즉 계약서 등의 검인에 대한 특례와 검인신청에 대한 특례의 적용을 받지 아니한다. 이에 따라 검인의 절차가 생략된다.

3) 인수자산의 매각 등

(1) 부동산의 경매

금융기관은 부실채권정리과정에서 획득한 자산을 일차적으로 법원경매를 통해 처리하고자 할 것이다. 자산관리공사 공매는 법원경매에서 유찰되어 자산관리공사로 소유권이 이전된 유입자산을 일반투자가에게 경쟁입찰을 통해 매각하는 방식이다. 공매는 법원경매와는 달리 법적으로 하자가 없고 권리관계가 깨끗하며, 대금완납전 사전점유 또는 소유권 이전이 가능하다. 현행 자산관리공사 매각제도는 주로 실수요자 중심의 매각이므로 대량 매각은 불가능하다. 또한 국제입찰이나 자산유동화증권 방식으로의 매각보다 매각 수익률이 훨씬 떨어진다.

가. 통지·송달의 특례

부실채권 또는 부실자산의 매각절차에 대한 특례의 하나로서 민사소송법상 통지·송달의 효력발생시기에 관한 도달주의의 원칙에 대한 예외가 있다. 자산관리공사 및 금융기관은 임의경매절차에 있어서 통지·송달에 있어 발신주의의 특례가 인정된다(자산관리공사법 45조의2).

나. 부동산처분 촉진을 위한 특례

자산관리공사는 취득한 부동산이 행정상 제한이 있거나 용도상 제약 등으로 매각에 장애가 있는 경우 이용가치의 보전·증대에 필요한 조치를 취할 수 있으며, 취득대상 부동산의 이용가치의 보전·증대를 위하여 필요한 경우에는 그 인접 부동산을 함께 매입할 수 있다(자산관리공사법 27조). 자산관리공사는 취득한 동산·부동산 및 부실징후대상기업의 계열기업을 매각할 때까지 임대할 수 있다(자산관리공사법 28조 1항).

(2) 채권매각

자산관리공사가 인수한 채권의 매각에 있어서는 일반법에 대한 특례규정을 둘 필요가 없다. 채권을 인수하는 시점에서 지명채권양도의 대항요건에 관한 특례의 적용을 받아 적법하게 인수한 것을 매각하는 것이기 때문이다. 이러한 채권매각의 방법에는 개별매각, 특별채권 국제입찰, 일반담보부채권 국제입찰 등이 있다.

채권의 개별매각은 기업체의 자산가치 뿐만 아니라 영업권 또는 경영권 가치까지 반영된 적정한 시장가격으로 매각하기 위해 보유채권을 차주단위로 매각하는 방법이다. 개별매각은 공개경쟁입찰을 원칙으로 하며, 회계법인 등을 자문사로 선정하여 추진함으로써 투명성과 공정성을 확보하고자 한다.

특별채권 국제입찰은 부실채권보유자로서 개별 금융기관이나 공적기구가 부실채권을 국제입찰의 방식으로 처분하는 방법이다. 특별채권 국제입찰은 법정관리 및 화의인가 결정을 받아 상환조건이 장기 저리로 조정된 회사들에 대한 담보 및 무담보채권을 대상으로 한다. 매각구조는 국내외투자자를 대상으로 공개경쟁 입찰방식으로 매각하며, 매각단위는 담보유무, 회사정리 / 화의 인가구분 및 산업별 분류에 따른 매각단위를 구성하여 매각단위별 최고가 입찰자를 낙찰자로 선정한다. 이 과정에서 자산관리공사는 낙찰불허가 결정권을 보유한다.

일반담보부채권 국제입찰은 자산관리공사가 소유권을 가진 유입부동산과 국내 금융기관으로부터 인수한 일반담보부채권을 대상으로 한 국제입찰 매각방법이다. 매각구조는 국내외투자자를 대상으로 하는 공개경쟁입찰로서 매각단위는 담보유무, 회사정리 / 화의 인가구분 및 산업별 분류에 따른 매각단위로 구성되었다. 또한 매각단위별 최고가 입찰자를 낙찰자로 선정하며 자산관리공사가 낙찰불허가 결정권을 보유한다.

(3) 경영관리에의 참여 및 직원파견

자산관리공사는 그 업무를 수행함에 있어 필요한 경우 출자법인 등의 경영관리에 참여하거나 직원을 파견할 수 있다(자산관리공사법 28조 2항). 해당법인은 출자법인, 공사가 자금을 대여하거나 지급보증을 한 법인 및 공사가 인수한 부실징후기업의 계열기업이다.

4. 자산유동화법

자산유동화는 부실채권을 증권화(securitization)하는 방법의 하나이다. 즉 매각 금융기관 앞으로 환매청구권이 부여된 특별채권을 대상자산으로 하며, 부실채권을 유동화전문회사(Special Purpose Company, SPC)에 양도한 후 유동화전문회사가 동 자산의 현금흐름 또는 시장가치를 기초로 새로이 증권을 발행하여 국내외 투자자에게 분할 매각하는 방법으로 자금을 회수하는 자산정리방법이다.

우리나라의 경우 부실채권을 보유하는 금융기관 또는 공적 정리기구인 자산관리공사가 가공회사(paper company)형태의 유동화전문회사를 설립하여, 당해 유동화전문회사가 금융기관이 보유하는 부실채권 중 환매특약 또는 일반담보 등으로 지급가능성이 높은 채권만을 담보로 선순위 자산유동화증권(ABS)을 발행하여 매각하고, 나머지 금액에 대해서는 후순위 자산유동화증권을 발행하는 방법을 사용한다. 부실채권 보유금융기관은 스스로 유동화전문회사를 설립하지 않고 보유 부실채권을 신탁회사에 이전하고 당해 신탁회사가 이를 기초로 자산유동화증권을 발행하도록 할 수도 있다. 이 때 당해 자산유동화증권의 투자 수익 및 위험은 담보자산의 수익률 및 원금회수율에 의존한다.

1) 자산유동화법의 제정 및 개정경과

1998년 9월 16일 자산유동화법의 제정을 통해 자산유동화제도가 도입되었다. 2000년 1월 21일 법개정을 통해 근저당권부 채권을 유동화대상 자산으로 포함시켰고, 채권양도의 특례를 신탁방식에 의한 유동화로 확대하였으며, 매매 외에도 교환을 양도로 인정하게 되었으며, 유동화전문회사를 유한회사로 규정하면서도 서류상의 회사인 점을 감안하여 1인의 사원만으로도 설립 운영이 가능하도록 하였고,[3] 한국자산관리공사나 한국토지공사가 기업의 구조조정을 지원하기 위하여 취득한 부동산을 유동화전문회사(신탁회사)에 양도(신탁)하는 경우 「부동산등기특별조치법」상 등기의무를 면제토록 하는 규정을 마련하였다.

이와 함께 자산유동화에 관한 법률은 자산유동화증권의 발행 뿐 아니라 각종 국제입찰, 자산관리회사 또는 CRC의 설립 등 자산유동화회사제도를 활용하여 매각종료업무를 완성하게 되는 모든 자산유동화업무에 적용할 수 있게 되었다.

---

3) 2001년 7월 24일 상법개정후 상법상으로도 1인의 사원에 의한 유한회사의 설립 운영이 허용되고 있다(상법 543조 1항).

2) 채권양도 대항요건에 관한 특례

자산유동화법에서는 통지나 승낙을 요하는 민법상의 채권양도에 대한 대항요건에 관하여 채무자에 관한 대항요건의 특례와 제3자에 대한 대항요건의 특례로 나누어 규정하고 있다(자산유동화법 7조).

(1) 채무자에 관한 대항요건의 특례

자산유동화계획에 따른 채권의 양도, 신탁 또는 반환은 양도인(위탁자를 포함) 또는 양수인(수탁자를 포함)이 채무자에게 통지하거나 채무자가 승낙하지 아니하면 채무자에게 대항하지 못한다. i) 양도인 또는 양수인이 당해 채무자에게 당해 저당권의 등기부 또는 등기부에 기재되어 있는 채무자의 주소(등기부 또는 등기부에 기재되어 있는 주소가 채무자의 최후 주소가 아닌 경우 양도인 또는 양수인이 채무자의 최후 주소를 알고 있는 때에는 그 최후 주소를 말한다)나 ii) 당해 저당권의 등기부 또는 등기부에 채무자의 주소가 기재되어 있지 아니하거나 등록부 또는 등기부가 없는 경우로서 양도인 또는 양수인이 채무자의 최후 주소를 알고 있는 때에는 그 최후 주소로 2회 이상 내용증명우편으로 채권양도(채권의 신탁 또는 반환을 포함)의 통지를 발송하였으나 소재불명 등으로 반송된 때에는 채무자의 주소지를 주된 보급지역으로 하는 2개 이상의 일간신문(전국을 보급지역으로 하는 일간신문이 1개 이상 포함되어야 한다)에 채권양도사실을 공고함으로써 그 공고일에 채무자에게 대한 채권양도의 통지를 한 것으로 본다.

자산유동화를 추진함에 있어 자산유동화회사는 채권은행으로부터 다수의 저당권을 일시에 이전받기 때문에, 많은 채무자에게 일일이 통지하거나 승낙받는 것이 사실상 불가능하다. 또한 인수채권이 장기간 연체되었거나 부도처리된 기업에 대한 것일 때에는 채무자를 찾기 어려운 경우도 많다. 이러한 점을 감안하여 신문공고 등으로 채무자에 대한 통지에 갈음하도록 한 것이다.

(2) 제3자에 대한 대항요건의 특례

자산유동화계획에 따라 행하는 채권의 양도,신탁 또는 반환에 관하여 자산양도 등에 의한 등록을 한 때에는 당해 유동화자산인 채권의 채무자(유동화자산에 대한 반환청구권의 양도인 경우 그 유동화자산을 점유하고 있는 제3자를 포함) 외의 제3자에 대하여는 당해 채권의 양도에 관하여 자산유동화법 제6조 제1항의 규정에 의한 등록이 있는 때에 민법 제450조 제2항의 규정에 의한 대항요건을 갖춘 것으로 본다.

3) 유동화전문회사의 부동산물권취득에 있어 등기의 특례

현행 민법에서는 부동산의 물권변동에 관하여는 성립요건주의를 취하고 있으며, 등기가 그 성립요건이므로 등기가 없으면 아예 물권변동이 성립하지 않게 된다(민법 186조). 자산유동화과정에서는 수많은 물권이 동시에 변동되어야 하므로 이러한 민법상의 규정을 그대로 적용할 경우 자산유동화 자체가 불가능하게 되거나 많은 비용과 시간이 소요된다. 이러한 문제점을 극복하기 위하여 자산유동화법에서는 등기에 대한 특례제도를 마련하고 있다(자산유동화법 7조).

저당권 취득과 관련한 특례로서 자산유동화계획에 따라 양도 또는 신탁한 채권이 저당권에 의하여 담보된 채권인 경우 유동화전문회사 등은 자산양도 등의 등록이 있는 때에 그 질권 또는 저당권을 취득한다(자산유동화법 8조 1항).

소유권취득과 관련한 특례로서 한국자산관리공사 또는 한국토지공사가 금융기관의 부실자산정리, 부실징후기업의 자구계획지원 및 기업의 구조조정을 위하여 취득한 부동산을 자산유동화계획에 따라 유동화전문회사 등에 양도 또는 신탁한 경우 유동화전문회사 등은 자산양도 등의

등록이 있는 때에 그 부동산에 대한 소유권을 취득한다(자산유동화법 8
조 2항).

4) 세제상 특례

우리나라에서는 유동화전문회사에 대해 세제상 여러 혜택을 주고 있
다. 유동화전문회사가 자산유동화계획에 따라 자산을 취득하는 경우에
취득세 및 등록세를 면제한다(조세특례제한법 119조 1항 13호, 120조 1항
12호).[4] 또한 「농어촌특별세법」의 규정에 의거하여 「조세특례제한법」상
취득세나 등록세의 감면세액에 대하여 20%의 농어촌특별세가 부과되지
않도록 하기 위해, 취득세 또는 등록세의 감면에 대해서도 농어촌특별세
를 부과하지 아니한다(농어촌특별세법 4조 8호의 2).

유동화전문회사의 경우에는 배당가능이익의 90%이상을 배당한 경우
그 금액은 해당 사업연도의 소득금액계산에 있어서 소득공제된다(법인
세법 51조의 2). 법인소득과 배당소득의 이중과세조정방식중 지급배당손
금방식을 취하고 있는 것이다.[5] 법인소득과 개인주주의 배당소득의 이
중과세를 조정하기 위해서 우리나라에서 취하고 있는 부분적 법인세주
주귀속방식보다 이중과세 조정에 있어서는 더 나은 방식이라 할 수 있
다. 또한 유동화전문회사에 의한 자산관리 용역제공은 부가가치세가 면
제되는 금융용역으로 본다(부가가치세법시행령 33조 1항 15호). 따라서
유동화전문회사가 수취하는 금액에 대해서는 부가가치세가 부과되지 아
니한다.

---

4) 다만 취득세 및 등록세 면제는 위 모든 자산에 대한 것이 아니라 일정한 자
   산보유자 또는 다른 유동화전문회사로부터 2006년 12월 31일까지 유동화
   자산을 양수하거나 양수한 유동화자산을 관리·운용·처분하는 경우에 한
   한다.
5) 박 훈, "부동산투자회사에 있어서 이중과세 조정문제-법인소득과 배당소득
   의 이중과세 조정을 중심으로", 조세법연구 [IX-1], 세경사, 2003. 7, 158~
   159면.

5) 기타 기업구조조정지원 차원의 특례

유동화전문회사는 자산관리공사 또는 한국토지공사로부터 금융기관의 부실자산정리, 부실징후기업의 자구계획지원 및 기업의 구조조정을 위하여 취득한 부동산을 자산유동화계획에 따라 양수 또는 신탁받는 경우 「부동산등기특별조치법」상 소유권이전등기등 신청의무, 계약서등의 검인에 대한 특례, 검인신청에 대한 특례에 관한 규정을 적용받지 아니한다(자산유동화법 36조 1호). 또한 「도시교통정비촉진법」 제18조의 규정에 의하여 도시교통정비구역 안에서 교통유발의 원인이 되는 시설물 소유자에 부과하는 교통유발부담금의 부과가 면제된다. 주택법 제68조의 규정에 의하여 국가 및 지자체로부터 등기 또는 등록을 신청하는 경우 매입하여야 하는 국민주택채권 매입의무도 면제된다.

5. 주택저당채권유동화회사법[6]

1) 주택저당채권유동화회사법의 제정 및 개정경과

기업구조조정방안의 일환으로 자산담보부증권의 발행을 위한 특별법으로서 1998년 자산유동화법이 제정되었다. 그러나 자산유동화법에 의한 유동화전문회사가 장기채권인 주택저당채권을 유동화하기에 부적절한 점을 감안하여, 1999년 1월 29일 「주택저당채권유동화회사법」을 제정하게 되었다. 주택자금의 경우 대부분 장기대출인 관계로 이를 취급하는 금융기관들이 유동성 제약을 받는 것을 완화해주고, 동시에 자본시장의 투자자금을 활용하여 주택자금의 공급여력을 강화하는 등 주택금융을 활성화할 필요가 있었기 때문이다.[7]

---

[6] 주택저당채권유동화회사법은 부실채권정리를 위한 목적으로 제정된 것은 아니지만, 자산유동화법과 같은 메카니즘을 이용한 법으로서 도입시기도 같으므로 이에 대한 법적인 고찰은 본 논문의 연구목적에 부합한다.

이후 2000년 1월 21일 근저당권에 의하여 담보된 주택저당채권의 확정절차를 정하고, 금융기관이 주택저당채권을 채권유동화회사에 양도하는 경우의 등록절차 및 양도방식을 구체적으로 정하는 등 금융기관이 보유한 주택저당채권의 유동화를 원활히 수행하는 데 있어서 제약이 되는 요인들을 해소하여 주택저당채권의 유동화를 보다 활성화하기 위하여, 주택저당채권유동화회사법을 개정하게 되었다.

주택저당채권유동화회사법은 주택저당채권 유동화에 있어 민법 등 기존의 법체계와의 관계에서 특례조항을 두어 유동화를 보다 원활하게 하고 있다.

2) 채권양도의 대항요건에 관한 특례

다수의 지명채권양도에 관하여 민법상 대항요건을 모두 갖추도록 한다면, 절차적으로 매우 번거로울 뿐만 아니라 통지가 채무자에게 도달함으로써 대항요건을 확실히 갖추었는지를 일일이 확인하기도 어렵다. 그래서 주택저당채권의 유동화를 촉진하기 위해 「주택저당채권유동화회사법」 제6조, 제6조의 2에서는 채권양도의 대항요건에 관한 특례를 규정하고 있다. 자산유동화법 제7조도 이와 같은 취지의 규정이다.

(1) 채무자에 대한 대항요건의 특례

채권유동화계획에 따른 주택저당채권의 양도·신탁 또는 반환은 양도인(위탁자 포함) 또는 양수인(수탁자 포함)이 채무자에게 통지하거나 채무자가 승낙하지 아니하면 채무자에게 대항하지 못한다(주택저당채권유동화회사법 6조 1항). 민법 제450조와는 달리 양도인뿐만 아니라 양수인도 채권양도 등을 통지할 수 있다고 규정하고 있다.

---

7) 자산유동화 실무연구회, 금융혁명 ABS－자산유동화의 구조와 실무－, 한국경제신문사, 1999, 221면.

양도인 또는 양수인이 채무자에게 ⅰ) 등기부에 기재되어 있는 채무자의 주소(등기부에 기재되어 있는 주소가 채무자의 최후의 주소가 아닌 경우 양도인 또는 양수인이 채무자의 최후의 주소를 알고 있는 때에는 그 최후의 주소를 말한다)나, ⅱ) 등기부에 채무자의 주소가 기재되어 있지 아니한 경우로서 양도인 또는 양수인이 채무자의 최후의 주소를 알고 있는 때에는 그 최후의 주소에 해당하는 주소로 2회 이상 내용증명우편으로 채권양도(채권의 신탁 또는 반환 포함)의 통지를 하였으나 소재불명 등으로 반송된 때에는 채무자의 주소지를 주된 보급지역으로 하는 2이상의 일간신문(전국을 보급지역으로 하는 일간신문이 1이상 포함되어야 한다)에 채권양도사실을 공고함으로써 그 공고일에 채무자에 대한 채권양도의 통지를 한 것으로 본다.

(2) 제3자에 대한 대항요건의 특례

채권유동화계획에 따라 행하는 주택저당채권의 양도,신탁 또는 반환에 관하여 주택저당채권유동화회사법 제5조 제1항의 규정에 의한 등록을 한 때에는 당해 주택저당채권의 채무자 외의 제3자에 대하여는 그 등록이 있은 때에 민법 제450조 제2항의 규정에 의한 대항요건을 갖춘 것으로 본다(주택저당채권유동화회사법 6조 2항).

(3) 주택저당채권유동화회사의 저당권 취득에 관한 특례

주택저당채권유동화회사는 「주택저당채권유동화회사법」 제5조 제1항의 규정에 의한 등록이 있은 때에, 채권유동화계획에 따라 양도 또는 신탁 받은 주택저당채권을 담보하기 위하여 설정된 저당권을 취득한다(「주택저당채권유동회사법」 7조). 원래 민법 제186조에 따르면 저당권양도의 효력은 저당권이전의 부기등기가 있어야 하는데, 저당권이전절차에 따른 시간과 비용을 줄이기 위하여 이러한 부기등기 없이도 금융감독위원회에 주택저당채권 양도등록만으로 저당권을 취득할 수 있도록 규정한 것이다. 다만 주택저당채권을 채권유동화회사가 제3자에게 다시 양도하는 경우에는 민법 제187조에 따라 채권유동화회사로 저당권이전의 부기등기를 하고 다시 제3자 앞으로 부기등기를 하여야 한다.

(4) 근저당권에 의하여 담보된 채권의 확정

주택저당채권을 양도하기 위해서는 근저당권이 담보하는 채권을 확정할 필요가 있다. 기본계약이 종료되기 전에 근저당권의 피담보채권을 확정시키기 위해서는 채무자의 승낙을 받아야 하는데, 채권유동화를 위하여 집합된 채권의 수가 많기 때문에 이에 대한 승낙을 일일이 다 받는다는 것은 현실적으로 곤란하다. 이러한 문제를 해결하기 위해 2000. 1. 21법 개정시 근저당권이 담보하는 채권의 확정통지제도를 신설하였다.

채권유동화계획에 의하여 양도하고자 하는 주택저당채권이 근저당권에 의하여 담보된 채권인 경우 금융기관이 채무자에게 근저당권에 의하여 담보된 채권의 금액을 정하여 추가로 채권을 발생시키지 아니하고 그 채권의 전부를 양도하겠다는 의사를 기재한 통지서를 내용증명우편으로 발송한 때에는 통지서를 발송한 날의 다음날에 당해 채권은 확정된 것으로 본다(동법 6조의 2본문). 즉 근저당권의 피담보채권의 확정시기는 확정통지를 한 다음날이다. 다만 채무자가 10일 이내에 이의를 제기한 때에는 확정의 효과가 소급하여 소멸한다(동법 6조의 2단서). 이때 채무자의 이의제기는 반드시 서면으로 할 필요는 없고 구두로 하여도 무방하다 할 것이다.

물상보증인인 제3자가 채무자를 위하여 근저당권을 설정하여 준 경우 근저당권자가 채무자에게 위 통지를 할 것인지 근저당권설정자에게 통지할 것인지 논란이 있을 수 있으나, 근저당거래를 계속하려는 이익이 근저당권설정자보다는 채무자에게 있다는 점에서 채무자에게 통지하는 것으로 충분하다고 보는 것이 타당하다.[8] 이때의 통지는 구두로 하는 것

---

8) 김재형, 「자산유동화에관한법률」의 현황과 문제점", 민사판례연구 XXⅢ,

은 허용되지 않고 반드시 서면으로 작성하여 내용증명우편으로 하여야
한다.

그리고 위 규정에 따라서 근저당권의 피담보채권의 확정통지를 하면
피담보채권 전체가 확정되기 때문에 근저당거래를 유지하면서 근저당권
이 담보하는 채권 중 일부만을 확정하여 이 부분만 양도하는 것은 허용
되지 않는다. 그리고 확정통지를 한 후 채권유동화계획에 따른 채권양도
를 하지 않을 경우에는 채권유동화를 위해 확정통지제도를 두었다는 점
에서 확정의 효력은 부정된다.[9]

6. 산업발전법

기업구조조정을 원활히 함으로써 결과적으로 금융기관의 부실채권정
리에 기여하는 목적으로 설립된 기업구조조정전문회사(CRC, Corporate
Restructuring Company)제도가 있다. 기업구조조정전문회사는 산업발전법
에 의하여 설립된 회사법인 이다.

기업구조조정전문회사란 기업구조조정 촉진을 목적으로 산업발전법
제14조를 근거로 설립되는 회사로서 구조조정 기업의 매입 및 정리를
전담하는 민간회사이다. 산업발전법에서는 이러한 기업구조조정전문회
사에 대한 설립, 운용, 감독에 관한 규정을 두고 있다. 그리고 기업구조
조정업무를 원활하게 수행하도록 하기 위해 「독점규제및공정거래에관
한법률법」(이하 '독점규제법'이라 한다)상의 지주회사의 특례,[10] 상법상
회사채 발행한도 특례조항을 두고 있다.

즉 기업구조조정전문회사는 자신의 자산으로 구조조정대상기업을 인

2001. 2, 735~736면.

9) 위의 글, 736면.

10) 독점규제법상 산업발전법에 의한 특례의 의의에 관해서는, 권오승, 경제법,
   법문사, 2002, 152~153면.

수하여 지배할 경우 독점규제법상 자산규모가 100억원 이상인 회사로서 다른 기업을 지배하는 것을 주된 사업으로 하는 지주회사가 될 가능성이 크다는 점에서 전문회사에 대해서는 독점규제법상 지주회사에 대한 규제사항 중 부채비율 규제(지주회사의 부채비율은 100% 이내로 제한) 및 자회사지분율 규제(지주회사의 자회사의 지분율을 자회사 총 지분의 50% 이상으로 제한)의 적용을 배제하고 있다(산업발전법 19조 1항). 그리고 기업구조조정 전문회사에 대해서는 상법상 일반 주식회사는 자본금과 적립금의 4배까지만 회사채발행이 가능하다는 회사채발행한도의 규정이 있지만(상법 470조 1항), 기업구조조정전문회사는 자본금과 적립금 합계액의 10배까지 회사채발행을 허용하여 자금조달을 원활하게 해 주고 있다(산업발전법 19조 2항).

그리고 기업구조조정전문회사는 자산관리공사로부터 부실채권을 사서 그 부실채권을 유동화전문회사를 통해 유동화시킬 수 있고[11] 그러는 과정에서 발생하는 법적안정성과 제3자 보호문제는 산업발전법이 아닌 자산관리공사법, 자산유동화법에 따라 해결하면 될 것이다.

자산관리공사는 2000년 3월 6일 첫 번째 기업구조조정전문회사 설립을 시작으로 2003년 12월말 현재 4의 합작 기업구조조정전문회사를 설립하여 운영하고 있다. 해외 유수의 투자기관과 합작하여 기업구조조정전문회사를 설립함으로써 전문성과 안전성을 동시에 확보할 수 있고, 구조조정과 운용에 관한 노하우 등 선진금융기법을 이전 받을 수 있다는 장점이 있으며, 또한 자산관리공사와 50:50으로 투자하여 운용하고 있으므로 경영상의 위험이 일부 전가될 수 있다.

---

11) 이때 기업구조조정전문회사는 자산보유자가 된다(자산유동화법 2조 2호 및 동법시행령 2조).

7. 기업구조조정투자회사법

기업구조조정투자회사(CRV, Corporate Restructuring Vehicle)는 기업구조조정투자회사법에 근거하여 채권금융기관이 보유한 약정체결기업(워크아웃기업)의 부실자산을 결집시키고 자산운영을 전문자산관리회사에 위탁시키는 명목상의 주식회사(paper company)이다. 그러나 설립은 자본금 5억원 이상으로 채권금융기관 2인 이상을 포함한 3인 이상의 발기인을 요건으로 설립한다. 기업구조조정투자회사는 일반 구조조정기구와 달리 약정체결기업의 채권을 결집함으로써 의사결정에 있어서 채권금융기관 간 이해상충문제를 극복하고, 구조조정 관련 전문자산관리회사에게 경영 및 구조조정을 위탁함으로써 신속한 의사결정을 도모할 수 있다.

채권금융기관이 약정체결자산을 기업구조조정투자회사에 현물출자하거나 양도하고자 하는 경우 그 현물출자 또는 양도한 약정체결자산이 채권인 경우에는 채권양도의 대항요건과 저당권 취득시기 등에 관하여는 자산유동화법의 제7조, 제7조의 2 및 제8조의 규정을 준용한다(기업구조조정투자회사법 19조 4항).

거래되는 부실채권에 대해서는 자산유동화법상의 법적안정성과 제3자보호의 문제와 마찬가지로 해결하면 된다. 다만 기업구조조정투자회사는 부실채권의 매매시 법적안정성과 제3자 보호뿐만 아니라 기업구조조정투자회사의 투자자 보호의 측면에서 기업구조조정투자회사의 설립, 운용, 감독에 있어 일반주식회사와는 달리 취급하고 있다.

8. 금융기관 간 자발적인 협약에 의한 부실채권 정리

기업구조조정은 원칙적으로 이해관계자인 민간의 자율적인 합의에 추진되는 것이 바람직하다. 특히 상시적 구조조정이 정착되어야 한다는 관점에서 볼 때에는 가장 큰 이해관계자인 채권금융기관이 중심이 되어

시장원리에 입각한 구조조정이 이루어지는 것이 바람직하다.[12]

이러한 원칙에 따라 기업개선작업의 일환으로 기업구조조정촉진을 위한 금융기관협의회를 통해 금융기관 간 자발적인 협의에 의한 채무조정작업을 전개하였다. 구체적인 기업구조조정협약은 1998년 6월 발효되어 2000년 12월을 시한으로 하였다. 이후 기업의 경영정상화를 위한 방법으로 약정체결기업이 증가하였으나 채권금융기관 간 이해상충으로 합의도출이 쉽지 않았고 워크아웃기업 경영에 대한 전문성 부족 등의 문제가 있었다.

9. 기업구조조정촉진법

위와 같은 자발적인 부실채권정리 노력에도 불구하고 합리적으로 이해조정을 해 나가는 사회관행이 부족하여 금융기관 간(특히, 채권금융기관 간) 자율적인 합의를 이루기 어렵고 구조조정과정에 참여하여 손실을 함께 부담하기보다는 무임승차를 통하여 자신의 이익만을 찾으려는 기관이기주의가 우려되었다. 이와 같이 외환위기 이후 워크아웃에 의한 구조조정이 지연된 주원인을 채권단간 이해관계를 효과적으로 조율할 수 있는 법적 근거가 없었기 때문이라는 인식 하에서 한시적인[13] 「기업구조조정촉진법」이 입법화되었다. 즉 상시적인 기업구조조정이 신속하고 효율적으로 이루어질 수 있도록 법적인 강제력을 부여하기 위한 조치로서 채권 금융기관간의 시장 규칙을 법조문화 하였다는 것에 큰 의미가 있다.[14]

---

12) 재정경제부·금융감독원, 기업구조조정촉진법 및 상시기업신용위험평가제도 주요 내용, 2001. 8. 10.

13) 기업구조조정촉진법은 2001년 8월 14일부터 2005년 12월 31일까지 효력을 갖는다. 한시적인 입법의 이유로 기업구조조정관련 환경의 변화가능성을 들고 있음 김은기, "기업구조조정촉진법의 주요 내용과 특징", Jurist, 2001. 12, 75면.

<표 III-4> 기업구조조정촉진법의 성격

구 분	이전 법률	기업구조조정촉진법
적용 금융기관	은행, 보험, 종금 등 210개 금융기관	외국 금융기관을 제외한 전 금융기관, 정부유관기관
채권단협의	채권금융기관이 가입 여부 채택	원칙적인 참여 의무화
반대 채권자	협의의 탈퇴, 의결사항 불이행 가능	협의회에 채권매수청구권 행사 가능
불이행 시 제재	협의회 의결로 위약금 부과	위약금 및 법률상 손해배상 책임
이전 조정 장치	없 음	민간전문가로 구성된 조정위원회
신규 지원자금	우선변제권 없음	우선변제권 부여

　워크아웃 제도는 기존 채권 금융기관간의 부도 유예협약에 신규 자금의 공급, 대출금의 출자전환(debt-equity conversion) 등 기업의 유동화을 개선하기 위한 장치를 추가하여 보다 발전시킨 제도였다. 이에 비하여 기업구조조정촉진법은 워크아웃을 입법화한 제도로서, 채권금융기관을 중심으로 한 관리체제를 강화하기 위하여 적용대상 금융기관의 확대, 채권매수 청구권의 도입, 손해배상청구 규정, 우선변제권 부여, 기타 사후관리의 강화로 그동안 문제시 되었던 채권 결집상의 어려움을 상당부분 해소한 것으로 평가된다. 또한 주 채권은행의 권한이 상당 부분 강화되어 기업구조조정 주체의 문제도 진일보한 결과를 가져왔다. 하지만 무임승차(free ride)의 요소가 존재하고, 주 채권은행이 대부분 국유은행이라는 점, 상시신용평가제도상의 획일적 판단기준 등을 고려할 때, 시장자율적인 상시 구조조정의 근본 취지에 비추어 아직 보완할 과제가 남아있다.15)

---

14) 조성욱, "경제위기 이후 재벌정책에 대한 평가", 21세기 한국기업의 경쟁력, 서울대학교 기업경쟁력연구센터 심포지움, 2002. 12, 11면.
15) 김은기, 주44)의 글, 75면 참조.

10. 합작 자산관리회사

부실채권매매시장에서의 성공 여부는 자금력과 부실자산관련 노하우 (know-how) 축적의 정도에 달려 있다. 국내 부실자산을 신속히 정리하기 위한 자금력을 확보하기 위하여 부실채권 정리 경험이 풍부한 외국회사와 자산관리회사(AMC, Asset Management Company)를 합작 설립하고, 이들 회사에 부실채권을 매각하고 있다. 이는 합작에 의한 지분참여로 자산가치 증대에 따른 추가적인 수익 확보가 가능한 장점이 있다. 이에 대해서는 국내법적 문제가 특별히 거론되지 않아 별도의 특례제도가 개발되지 않았다.

II. 부실채권 정리제도의 운영

1. 개 관

1997년 외환위기를 전후로 많은 기업체가 도산하자 금융기관의 부실채권이 큰 규모로 증가하여 부실채권 정리가 경제의 현안과제가 되었다. 금융기관 내에 부실채권이 증가함에 따라서 금융시스템 및 실물경제 나아가서는 세계경제에까지 큰 영향을 미치기 때문이었다.

금융기관은 기존의 대출정보와 차입자에 대한 지식을 보유하고 있어 부실자산을 정리하기 위한 충분한 수단과 정보를 갖고 있다. 따라서 금융기관의 부실채권 해소는 기본적으로 당사자간의 해결 또는 시장 내에서 민간구조조정기구의 개입으로 부실채권을 정리하는 것이 가장 바람직하다.

외환위기 당시 금융기관의 부실채권 정리는 국내 금융 및 자본시장의

미 발달로 부실채권에 대한 투자자집단이 형성되지 않음으로써, 한국자산관리공사를 통한 정부의 매입분을 제외하고는 큰 성과를 보이지 못하였다. 현재 국내 부실채권시장은 어느 정도 성숙 단계에 있다고 할 수 있으나 전반적으로는 여전히 외국의 투자은행이 국내의 부실채권시장을 주도하고 있다.

<표 III-5> 금융기관 부실채권 규모 추정(98. 3, 조원)

	부실여신	요주의여신	불건전여신	GNP(98)
은 행	40	46	86	
비은행	28	4	32	
계	68	50	118	476.2

* GNP대비 부실채권 비율은 24.8%
* * 출처: 재정경제부, 공적자금관리위원회

2. 재원의 조달

자산관리공사는 부실채권정리기금을 재원으로 운영된다. 기금은 금융기관(33개 은행, 30개 종금사, 2개 보증보험사) 및 정부의 출연금, 한국자산관리공사로부터의 전입금, 기금채권으로 발행한 자금, 한국은행 등으로부터의 차입금, 기금운용수익 및 그 밖의 수입금으로 조성되었다.

<표 III-6> 기금 조성 집행 현황(99년말, 조원)

구 분	조 성	집 행
기금채권 발행	20.5	20.5
금융기관 출연	0.57	0.57
산업은행 차입	0.5	0.5
합 계	21.57	21.57

* 출처: 한국자산관리공사, "부실채권정리백서"

3. 부실채권의 정리실적

부실채권정리전담기관인 자산관리공사가 IMF 이후 현재까지 정리한 부실채권 실적을 매각방법별로 정리하면 아래 표와 같다. 요약하면, 자산관리공사는 21.57조 원의 부실채권정리기금을 조성하여 집행하면서 금융기관 부실채권을 총 110.8조 원 인수하여 이 중 72.9조 원을 정리하였다.[16] 정리된 부실채권매입에 소요된 금액은 총 29조 9천억 원이었으며, 이를 36조원에 매각하여 약 6조 1천억 원의 매각 차익을 남겼다.

<표 III-7> 부실채권정리 내역(1997. 11~2005. 6)

(단위: 억원)

구 분	채권액	매입액(a)	회수액(b)	회수율 (b/a, %)
국제입찰	60,828	13,132	16,026	122
ABS 발행	87,297	46,398	48,577	105
AMC 매각	25,802	6,568	9,203	140
CRC 매각	21,858	4,003	7,850	196
채권개별매각	34,469	8,017	13,108	163
법원경매 등	85,661	28,387	34,976	123
직접회수	97,777	25,963	38,981	150
인가 계획상환 등	55,110	22,453	30,308	135
대우 CRV 매각	5,631	1,240	1,899	153
대우 변제 계획 회수 등	49,551	35,411	50,335	142
워크아웃회수	7,669	4,320	5,390	125
소 계	531,653	195,892	256,653	131
환매, 해제	197,308	102,984	102,984	100
합 계	728,961	298,876	359,637	120

* 출처: 한국자산관리공사, "KAMCO 리포트"

---

16) 조성된 기금과 매각 부실채권 대금 재사용 등 110.8조원 매입에 투입된 총 금액은 39.7조원 임.

제4절 말레이시아

I. 부실채권 문제의 발생 배경

1997년 말레이시아 역시 아시아 외환위기 여파로 13년 만에 처음으로 마이너스의 성장률(-7.5%)을 기록하면서 금융위기를 겪게 되었다. 그러나 말레이시아는 태국, 인도네시아 등 여타 동남아시아 국가와는 달리 외환 유동성에는 큰 문제가 없었다. 당시 말레이시아의 외환 보유고는 217억 달러로 3개월 이상의 수입을 감당할 수 있는 수준이었고, 외채 규모나 만기구조도 양호한 편이었다. 문제가 되는 것은 부동산 가격과 주가 폭락으로 국내 금융기관의 부실문제가 확산되고 있다는 점이었다. 국내 채무문제가 악화되면서 전반적 신용위기에 직면하게 된 것이다.

98년 말 당시 누적된 부실채권 규모는 520억 링기트(135억 달러)로 추정된다. 규모면에서는 일반 시중은행이 가장 컸지만 부실채권비율로 보면 파이낸스 회사(finance company)와 종합금융회사(merchant bank)가 비교적 부실의 문제가 큰 편이었다. 한편 말레이시아의 분류기준에 의하면 부실채권이 되기 위해서는 6개월 이상 연체되어야 하므로 우리나라나 미국에 비해 부실채권 규모를 상대적으로 적게 보게 되어 있는 점을 고려해야 한다. 금융업을 대표하는 상업은행을 기준으로 할 때 말레이시아의 부실채권은 1998년 말을 정점으로 그 규모가 대체로 줄어드는 추세에 있었다. 특히 GDP 대비율을 보면 2000년 말까지 감소세를 지속하다가 2001년 말부터는 약간 상승하고 있는 것을 발견할 수 있다. 추세를 보면 말레이시아가 부실채권정리를 위해 각종 특별법제를 도입한 1998년 이후에는, 부실채권 증가세를 현저히 완화시키면서 부실채권을 성공적으로 관리해 오고 있다.

II. 부실채권 정리의 기본적 체계

말레이시아에서는 전통적으로 이슬람 문화와 그에 기초한 금융관련 법제가 운영되어 오고 있다.[1] 대부자금에 대한 이자수준이 매우 낮은 편이며, 채무불이행에 대한 제재 등에 있어 채권자는 채무자에 대해 비교적 관용적이다. 예를 들어, 금융기관은 회계에 있어서 부실채권에 대한 이자의 발생이 정지된다. 특징적인 것은 은행 및 금융기관법에 의하면 말레이시아의 금융회사(finance company)는 일반적으로 일인당 무담보대출에 RM 10,000의 한도를 지켜야 한다는 것이다. 은행과 같은 일부 허가받은 금융기관의 대출을 제외하고 한도는 금융회사를 통합하여 운영된다. 일인당 금융기관 전체 통합한도도 있다.[2] 여기서 일인당이라 함은

---

1) Banking and Financial Institutions Act 1989(Act 372), section124 Islamic banking or financial business.(1) Except as provided in section 33, nothing in this Act or the Islamic Banking Act 1983 shall prohibit or restrict any licensed institution from carrying on Islamic banking business or Islamic financial business, …

2) Banking and Financial Institutions Act 1989(Act 372), section 61 (1) No licensed bank, licensed merchant bank or licensed finance company shall give to any single person any credit facility or incur any liability whatsoever on behalf of any single person, which together with any credit facility given earlier to such single person, and any liability incurred earlier on his behalf, by such institution, exceeds an amount which is in excess of such percentage as may be prescribed for licensed banks, licensed merchant banks or licensed finance companies as a class or category, by the Bank in relation to such institution's capital funds unimpaired by losses or otherwise.

   3. The Corporation and its Objectives.

   The Corporation incorporated under the Companies Act 1965 under the name "Pengurusan Danaharta national Berhad" shall have the main objective of carrying on business as an asset management company and acquiring, managing, financing and disposing of assets and liabilities.

   13. Acquisition.

특수관계가 있는 개인이나 법인을 포함한다. 이러한 여신한도 때문에 부실은 원천적으로 큰 규모로 발생하기 곤란한 구조로 되어 있다. 그러나 채무자에 관용적인 제도적 여건은 국제적인 자본이 들어오기에 부적절한 구조이다. 부실채권을 정리하기 위한 시장에 외국자본의 유입을 기대하기는 더욱 곤란한 상황이다. 이에 따라서 말레이시아 정부는 국내 공적기구의 적극적인 개입과 공적 자금의 동원을 통해 부실채권을 신속히 처리하기 위한 방식을 모색하였다. 이 과정에서 공적기구의 활동에 대해 전통적인 법제의 적용을 배제하는 특례를 폭넓게 인정하게 된 것이다.

말레이시아 정부는 국내채무문제가 대외채무 문제보다 심각한 상황을 고려하여 IMF 권고를 따르지 않고 독자적인 방법으로 부실채권정리를 도모하였다. 말레이시아 정부는 은행 부문에서 발생할 수 있는 잠재적 위기에 대처하기 위해서 부실채권 정리 및 구조조정 전담기관들을 설립하였다.

첫째, 다나하르타(Danaharta)는 공적 자산관리회사로서 부실자산의 매입 및 매각 업무를 수행하고 있다. 1998년 6월 20일, 다나하르타법(Pengurusan Danaharta National Berhad Act, 1998)과 회사법(Companies Act, 1965)에 근거하여 설립된 다나하르타는 부실채권 매입과 자산운용 및 매각과 관련하여 한국의 자산관리공사(KAMCO)와 같이 공적 자산관리회

---

   (1) The Corporation may with the consent of the seller-

      (a) elect to acquire any asset pursuant to the statutory vesting provisions set forth in this Part, in which case all of the rights and obligations of the Corporation set forth in this Part shall apply and such election shall be conclusively made and evidenced by the Corporation's issuance of a vesting certificate pursuant to subsection 14(7);

14. Vesting.

   (1) The Corporation may acquire any asset, whether such asset is held by the seller alone or jointly with any other person and upon such acquisition such asset shall, on and from the vesting date, vest in the Corporation either alone or jointly with that other person, as the case may be.

사(AMC) 역할을 하였다. 은행들로부터 부실채권을 매입하고, 보유자산의 가치를 증대시켜 처분하였다. 그러나 다나하르타가 일반적인 공적 자산관리회사와 크게 다른 점은 인수한 자산을 매각하는 데 중점을 두는 것이 아니라, 가치회복을 위한 관리, 즉 구조조정 업무에 중점을 두었다는 점이다. 아울러 다나하르타는 법률적으로 법원의 경매 절차 없이 직접 담보물을 인수 처분할 수 있는 권한을 갖고 있기 때문에 신속한 부실채권 정리에도 큰 효과를 거둘 수 있었다.

둘째, 채무자와 채권자의 합의에 의해 법정관리 대상기업의 부실채권의 채무조정을 위해서 1998년 7월 기업채무조정위원회(CDRC, Corporate Debt Restructuring Company)를 설립하였다.

마지막으로, 다나모달(Danamodal)은 우리나라의 예금보험공사에 해당하는 예금보험기구로서 1998년 8월 설립되어 은행에 대한 자금제공과 은행통합 및 합리화 등 금융기관의 구조조정을 주도하고 있다. 이들 3개 기관 중 가장 적극적으로 활동을 전개한 조직은 다나하르타였다.

III. 부실채권정리법제

부실기업 및 당해 부실기업에 대한 금융기관의 채권 즉 부실채권의 정리에 관한 말레이시아 법제로서는 법정관리, 해산, 그리고 회사법 제176조 절차가 있다.

1. 전통적인 법제

회사법은 부실기업의 정리에 대하여 규율하고 있다. 회사의 채권자는 회사의 청산(winding-up process)을 법원에 신청할 수 있다. 법원은 이를 승인할 때 청산인(liquidator)을 임명한다.[3] 이러한 절차는 회사가 스스로 주주의 75%의 동의로 법원에 신청할 수도 있다.

회사회생을 위한 유일한 공식 절차(formal rescue process)는 회사법 제176조 절차이다. 이는 당해 부실기업, 주주, 채권자 또는 청산인(liquidator)이 제안서를 마련하여 전체 채권자지분의 75% 이상의 동의를 얻고, 법원의 승인을 얻어 집행한다. 법원이 승인하면 해당 기업의 법률관계를 일정 기간 정지(moratorium)할 수 있다.

이러한 전통적인 법제는 대부분 채무자가 발의하여 추진되어 왔다.[4] 이에 따라 급박한 위기상황에서 부실기업을 효과적으로 정리하는 데에는 한계가 있었다. 이러한 상황에서 말레이시아 정부는 아래에 논하는 특별 제도들을 도입하기 시작했다. 예를 들어, 부실채권정리를 위한 특별법으로서 다나하르타법을 두고 있다. 다나하르타법은 부실채권의 매입 및 처분 등에 관한 강력한 권한을 부여하고 있다.

2. 다나하르타법

다나하르타법은 다나하르타가 활동하기 위해 조직설립에 관한 근거조항과 함께 자금의 조달에 관한 조항을 두고 있다. 동법에 의하면 다나하르타는 회사법(Companies Act, 1965)상 회사의 하나이다. 다만 당해 회사의 주식을 정부가 소유하고 있을 뿐이다. 다나하르타는 특별한 목적에

---

3) 회사법(Companies Act) 제217조, 제218조.
4) Financial Issues : Malaysia, PricewaterhouseCoopers, Malaysia, Guide to Restructuring in Asia, 2001

   14. Vesting.

      (4) Without prejudice to subsection (1), (2) or (3) in relation to an asset vested in the Corporation

      (b) each obligor and each other person having any right, title or interest in such asset shall be deemed to have consented to and accepted the assumption by the Corporation of all of the disclosed obligations with respect to such asset;

의하여 설립된 국영기업이기는 하나 상업적 이윤동기가 역시 인정되는 것으로 볼 수 있다. 다나하르타가 차입 등을 통해 자금을 조달하는 데 있어서 정부가 채무를 보증하고 있다.[5]

이렇게 설립된 다나하르타는 크게 보아 세가지의 권한을 가지고 있다.

첫째 부실자산을[6] 취득할 수 있는 권한이다. 자산의 매입은 법정 취득(statutory vesting)의 방법으로 한다. 명문상으로는 어느 자산이든 취득이 가능하도록 되어 있다.[7] 이 권한은 다나하르타가 자산명의를 취득하고 내재가치를 극대화하는데 기여한다.

둘째는 부실기업을 관리할 특별행정관(special administrator)을 임명하는 권한이다.

셋째는 위의 두 가지 권한의 실효성을 제고하기 위한 보조적인 권한이다.

1) 자산의 법정 취득과 매각

(1) 법정 취득(statutory vesting)

다나하르타는 은행권의 무수익 여신자산을 자산보유자와 합의하여 차입자의 동의 없이[8] 매입하여 양도할 수 있는 권한을 가지고 있다. 이에 따라 은행은 법원의 경매절차[9] 없이 다나하르타를 통해 부실채권을

---

5) 다나하르타법 제3조 및 제4조.
6) 다나하르타법 제3조, 제4조, 제13조 및 제14조.
7) 다나하르타법 제3조, 제4조, 제13조 및 제14조.
8) 다나하르타법 제14(4b)조에 의하여 차입자 등 당해 채권(자산)에 대한 모든 이해관계자는 다나하르타의 매입에 동의하는 것으로 간주된다. 우리의 자산관리공사가 부실채권을 매입하는데 있어서도 차입자의 동의를 생략하도록 하는 특례가 인정되어 있다. 일반민법상으로는 담보부채권의 양도에는 토지소유자의 동의가 필요하다.
9) 일반경매 절차는, ① 압류에 법원의 승인 필요, ② 법원이 강제매각가격을 기초로 기준가격제시, ③ 기준가격은 재산평가보고서 기초로 설정, ④ 경매를 통해 매각되면 법원은 매입자에 소유권서류를 넘기도록 서명 등의 절차

정리할 수 있게 되었다.[10] 다나하르타는 스스로의 판단에 의하여 취득할 자산을 결정할 수 있다. 다나하르타는 취득전 자산보유자와 매입의 조건에 합의하여야 한다. 예를 들면, 은행이 보유하는 부실채권(Non Performing Loan)을 매입하고자 할 경우 당해 은행과 매입의 조건에 관하여 합의하여야 한다. 일단 조건이 합의되면, 매입을 추진할 수 있다.[11] 다나하르타는 이 과정에서 상업적인 원칙에 따라 최저의 가격을 제시하기 위해 노력한다.[12]

다나하르타법은 다나하르타와 은행이 법정취득의 방법으로 소유권을 이전하도록 허용하고 있다. 다나하르타는 부실채권을 매입하는 대가로 정부보증증권이나 현금을 금융기관에 제공한다.[13]

상 특징이 있다.

10) 이를 우리의 법제와 비교하면, 우리의 민법상 채권의 양도양수에 대한 특례와 유사한 것이다.

  16. Additional provisions on land. Act 56/65.

  (1) Notwithstanding the provisions of the National Land Code, the Land Ordinance of Sabah, the Land Code of Sarawak or any other law, any caveat or prohibitory order which was registered, endorsed or entered prior to, on or after the vesting date shall not prevent a transfer of any interest in land of the seller to the Corporation.

11) 다나하르타법 제13조

  18. Vesting of asset outside Malaysia.

  A vesting certificate issued under section 14 may relate to any asset of the seller outside Malaysia and, if it so relates, effect may be given to it either in accordance with any reciprocal arrangements relating enforcement of judgments that may exist between Malaysia and the country, territory or place outside Malaysia where such asset is located, or where there are no such arrangements, in accordance with the law applicable in such country, territory or place.

12) 매입자산의 가치산정을 위해서는 공정시장가격(fair market value) 방법을 사용한다. 당사자 양측이 모두 수용할 만한 정보를 토대로 산정함으로써 추후 논란의 소지를 없애기 위하여 노력한다. 다만 무담보 무수익 여신의 경우 일률적으로 액면가액의 10%로 한다.

13) 이 증권은 최초 5년 만기로 발행되며, 이후 다나하르타의 재량에 의하여 만

다나하르타가 발급하는 취득증서(vesting certificate)에[14] 명시된 취득일자(vesting date)에 당해 자산이 다나하르타에 이전된다. 당해 취득증서는 다나하르타가 당해 자산을 취득한 것에 대한 최종적인 증거(conclusive evidence)로서 역할을 한다. 다만 등기소 등 다른 기관은 당해 법정 취득 사실을 당해 기관이 관리하는 기록에 반영하도록 최선을 다하여야 한다.[15] 당해 취득증서는 국외에 대해서도 효력이 있다. 이에 따라서 국외에 소재하는 자산에 대해서도 다나하르타는 취득증서를 제시하여 자신이 가지고 있는 권리를 주장할 수 있다.[16]

기를 5년 연장할 수 있다.

15. Preservation of rights.

(1) A person who is precluded from making a claim against the Corporation or is precluded from raising a defence against the Corporation under section 14, shall be entitled to seek compensation against the seller in respect of such claim.

(2) Where the Court is satisfied that the person referred to in subsection (1) has a claim against the seller including any prior equitable interest in the asset which that person could have raised or claimed but is precluded by section 14 that person shall be entitled to such compensation from the seller in respect of such claim as the Court considers fair and reasonable.

14) 다나하르트에 이전된 모든 재산(담보부동산 포함)의 권리를 증빙하는 역할을 한다. 관련 등기소, 등록사무소 및 회사위원회(Company Commission of Malaysia)에 보관하도록 되어 있다.

15) 다나하르타법 제16조 및 제17조.

16) 다나하르타법 제18조.

19. Disposition by the Corporation.

(1) The Corporation may, in accordance with the provisions of this section, dispose of any of the Corporation's assets whether vested or not in the Corporation and any property over vested or not in the Corporation and any property over which the Corporation has a security whether as chargee, mortgagee, assignee, lienholder or otherwise.

19 A. Replacement transfer certificate.

(1) The Corporation may issue a new transfer certificate to replace any transfer certificate it has previously issued in order to rectify any omission or error

법정취득일부터 다나하르타는 채권을 매각하는 은행의 지위를 승계 (step into the shoes of the selling bank)한다. 이에 따라서 다나하르타는 등록된 은행이 가지고 있던 권익(interests)과 우선순위(priority)를 취득하게 된다. 여기서의 권익에는 당해 부실채권을 담보하기 위한 담보권이 포함된다.

제3자가 인수자산과 관련하여 매각자에 대하여 가지고 있던 권리로서 매각자가 다나하르타에 신고한 것은 다나하르타가 부담하여야 한다. 제3자가 가지고 있는 기존의 등기 또는 등록된 권익(registered interest)이나 다나하르타에 신고한 청구권(disclosed claims)은 존중된다.17) 제3자가 청구권을 신고한 경우라도 자산의 매각자에 대한 소구권(recourse)은 그대로 유지된다.18)

부실채권의 채무자는 이 경우에도 당해 자산의 소유권은 유지하게 된다. 예를 들면, 은행이 당해 부실채권에 대한 담보부동산에 1순위의 담보권을 가지고 있었다면, 다나하르타도 같은 순위를 승계하게 된다. 제3의 은행이 등기된 제2순위의 담보권을 가지고 있는 경우에는 우선순위에 변함이 없게 된다. 또한 당해 부동산에 대한 기존의 법적 부담(caveats)은 유지된다.

다나하르타가 제3자가 보증한 채권을 인수한 때 당해 제3자의 보증채무에는 변함이 없게 된다. 또한 다나하르타가 담보물권에 의하여 담보된 채권을 인수하는 경우 당해 담보물건의 소유권에도 변함이 없다. 다만 다나하르타는 은행의 지위를 계승할 뿐이다. 이렇게 취득한 담보권을 실행하기 위해 담보자산을 처분하고자 할 때에는 국토관리법(National Land Code)의 규정에 따라야 한다. 이에 대해서는 후술한다.

---

in the transfer certificate.
17) 다나하르타법 제14조 및 제14조 A.
18) 다나하르타법 제15조.

(2) 매 각

다나하르타의 부실채권정리는 매각보다는 관리에 역점을 두고 있다. 다나하르타는 부실채권을 인수하면 채권 및 대상기업을 분석하여 회생 가능성이 없다고 판단되면 담보물을 처분한다. 회생가능성이 있으면 기업구조조정(reorganization)의[19] 대상으로 분류한다. 이러한 방식의 관리를 대출관리(loan management)라 한다. 회생가능성이 없으면 매각협의를 하며, 이러한 절차를 자산관리(asset management)라 한다.

다나하르타는 법원의 경매절차 없이 공매(public tender)를 주로 이용하며, 직접 처분할 수 있다.

다나하르타가 취득한 자산을 매각할 때 이를 인수한 자는 법정취득에 의하여 다나하르타가 가지고 있던 권익을 모두 승계한다. 물론 관련 규제기관이나 국가기관의 승인을 받아야 한다.[20] 다나하르타가 보유하던 자산을 처분함으로써 얻는 이익에 대해서는 은행과 다나하르타가 80대 20의 비율로 나누어 가지게 된다.

다나하르타법과 국토관리법 [National Land Code(15th Schedule)]은 다나하르타가 피담보채권을 인수하였을 때 피담보인으로서 특별한 권한을

---

19) 이에는 변제기조정(reschedule of loan)이나 대출금의 출자전환(debt-equity conversions) 등의 방법을 사용한다.

   22. Establishment and Functions of the Oversight Committee.

     (1) There is hereby established a committee by the name of the "Oversight Committee" whose functions shall be-

      (a) to approve the appointment of a Special Administrator under this Act;

      (b) to approve the appointment of an Independent Advisor in the manner set out under section 26;

      (c) to approve the recommendations made by the Corporation for the extension or termination of any moratorium in effect pursuant to section 41; and

      (d) to approve the recommendation of the Corporation for the termination of the appointment of a Special Administrator appointed under this Actor the termination of the administration of an affected person.

20) 다나하르타법 제19조 및 제19조A.

부여하고 있다. 당해 피담보채권의 채무자가 대부계약(loan agreement)을 위반할 경우에, 다나하르타는 이를 시정하기 위한 30일 명령(notice)을 내릴 수 있다. 이 명령을 준수하지 않을 때에는 다나하르타가 임의매각방식(private treaty)으로 담보물권을 매각할 수 있도록 되어 있다.[21]

매각의 또 다른 방법으로는 특별행정관에 의한 기업매각이 있다.

다나하르타법은 또한 담보자산의 임의매각을 촉진하기 위해 다나하르타가 당해 자산의 가치를 유지하는데 적절하다고 생각하는 조치를 취할 수 있는 권한을 부여하고 있다.

2) 특별관리(Special Administration)

부실채권의 채무자가 기업으로서 채무를 상환하지 못하든가 의무를 이행하지 못하는 때에 다나하르타는 채무기업이나 그 기업에 대해 보증채무를 부담한 자회사의 경영에 간여할 특별관리인(Special Administrator)을 임명할 수 있다. 특별관리인은 이해당사자(affected persons)의[22] 신청이

---

21) 이 특례규정은 1997년 연방법원이 담보권자(chargee)의 매각권한에 대해 내린 판결 때문에 불확실성이 증가한 점을 반영하여 다나하르타의 법적 권한을 분명히 하고자 도입되었다(Federal court in Kimlin, Housing Development Sdn v Bank Bumiputra [M] Bhd [1997] 2 MLJ 805). Bank Bumiputra Bhd는 말레이시아 정부가 부실채권을 인수하고 출자전환한 후 Commerce Asset-Holding Bhd와 합병시켰다. 이에 따라 말레이시아 정부는 합병은행(Bumiputra Commerce Bank)의 지분 35%를 가진 대주주가 되었다.

  41. Effect of appointment of Special Administrator.

    (1) Subject to subsection (6), on the appointment of the Special Administrator, a moratorium shall take effect during which –

      (a) any petition for the winding up of the affected person shall be dismissed by the court;

22) 이해당사자는 부실기업(주된 이해당사자), 부실기업의 자회사, 보증기업, 자기주식의 2%이상이 다나하르타에 담보물건으로 제공된 기업을 말한다.

  58. Application of other Acts. Act 276.

    (1) Notwithstanding the provisions of the Islamic Banking Act 1983 the

나 다나하르타 자체의 판단에 의해 소정의 절차를 거쳐 임명된다.[23] 다나하르타가 특별관리인을 임명하기 위해서는 감독위원회(Oversight Committee)의 승인을 받아야 한다.

특별관리인은 해당기업의 자산과 이해당사자와 관련된 업무를 통제할 권한을 가진다.[24] 특별관리인은 다나하르타의 지시를 따라야 하며, 후술하는 기업개선제안서가 채택된 후에는 그에 따라야 한다. 또한 특별관리인은 이해당사자들의 대리인으로서 이해되고 있다. 당해 기업 임원의 권한은 모두 정지(suspension)된다. 특별관리인은 당해 부실기업의 자산의 관리(Asset Management)와 경영을 통제한다. 이를 지원하기 위하여 특별관리인이 임명된 후 1년간 당해 기업의 자산은 자동적으로 법률관계의 변동이 정지(moratorium)된다.[25] 또한 이 기간 동안에는 당해 부실기업에 대해 채무의 상환을 받기 위한 절차를 진행할 수 없다. 특별관리인은 기업개선제안서(workout proposal)를 작성하여 감독위원회가 인정한 외부자문역(Independent Advisor)에 제출한다. 이 때 외부자문역은 관련 이해당사자, 즉 채권자와 주주의 입장에서 당해 제안서의 타당성을 검토한

Corporation may-

   (a) provide any credit facility in accordance with Islamic banking concepts;

   (b) receive deposits (other than on current account or savings account) from any person in accordance with Islamic banking concepts; and

   (c) carry on such other activities as may be approved by the Minister.

23) 다나하르타법 제21조 내지 제24조.

   58. Application of other Acts. Act 400.

   (2) The provisions of the Moneylenders Act 1951 shall not apply to the corporation.

24) 다나하르타는 우리의 예금보험공사가 부실 금융기관의 경영에 간여하는 것과 같은 권한을 채무자 즉 부실기업에 대해 갖고 있는 것이다.

   58. Application of other Acts. Act 125.

   (3) The provisions of section 132G of the Companies Act 1965 shall not apply to an acquisition or disposition by the Corporation under Part V or to any transfer referred to in section 59.

25) 다나하르타법 제41조.

다. 다나하르타는 외부자문역의 검토서와 함께 기업개선제안서를 검토
하여 승인여부를 결정한다.

　다나하르타는 기업개선제안서를 승인한 후, 당해 기업에 대한 채권자
회의를 소집한다. 이 때 소집되는 자는 보증 또는 담보의 방법으로 우선
순위가 있는 채권자에 한한다. 회의 참석 채권자의 과반수의 찬성으로
당해 제안서는 통과된다. 후속절차로서 증권위원회(Securities Commission)
와 같은 규제기관의 승인이 필요할 경우에, 이를 취득하여야 하는 것은
물론이다.

3) 기타 규정

(1) 은행법의 적용 배제

　다나하르타는 이슬람 은행법(Islamic Banking Act, 1983)의 규정에도 불
구하고 이슬람 금융 개념과 마찬가지로 대출, 예금, 기타 관계장관이 허
용하는 다른 업무를 할 수 있다고 규정하고 있다.[26]

　이슬람 은행법 제3조의 규정에 의하면 관계장관의 인가를 받은 이슬
람은행만이 이슬람 금융거래를 할 수 있다고 하고 있는바, 다나하르타는
이슬람 은행법상의 관계장관의 인가를 받지 않았더라도 이슬람 금융거
래를 할 수 있다.

　이는 우리의 자산관리공사가 기업구조조정과정에서 발생하는 부동산
을 매입, 관리함과 동시에 인수한 부실채권의 정리와 관련하여 채무기업
에 대한 자금대여, 출자전환 및 지급보증 등 금융업무를 할 수 있도록
1999년 4월 권한이 강화되는 데에 기여하였다.

(2) 대금업자법의 적용 배제

　대금업자법의 규정이 다나하르타에는 적용되지 않도록 되어 있다.[27]

---

26) 다나하르타법 제58조.

대금업자법은[28] 대금업의 범위와 그에 대한 영업인가에 관한 법으로서 다나하르타는 다나하르타법의 특례 규정에 의하여 영업인가 없이 대금업을 영위할 수 있게 되었다. 이에 따라 다나하르타는 부실기업 뿐 아니라 신용이 불량한 개인에게까지 자금을 대여함으로써 신용회복을 지원할 수 있게 되었다. 즉 대금업을 영위함으로써 이윤을 도모할 수 있는 근거를 확보한 것이다.

우리의 자산관리공사법에 의하면 한국자산관리공사는 금융기관의 부실채권정리를 주된 목적으로 하고 있으나, 금융기관의 부실채권은 주로 기업에 대한 채권을 대상으로 하고 있다. 부실채권을 발생시킨 개인과의 직접적인 거래에 대해서는 별도의 권한이 주어져 있지 않다. 물론 기업이나 개인에 대한 대금업이 허용되지 않고 있다.

(3) 회사법의 적용 배제

다나하르타가 다나하르타법 제5장(다나하르타에 의한 자산의 취득과 처분)의 규정에 따라 자산을 취득 또는 처분하는 경우나 동법 제59조(다나하르타의 자회사에 대한 이전과 자회사간의 이전)의 규정에 따라 이전하는 경우에는 회사법(Company Act, 1965) 제132조의 G가 적용되지 않는다고 규정하고 있다.[29] 회사법 제132조의 G의 규정에 의하면 회사가 주주나 이사 또는 주주나 이사가 대주주로 있는 회사와 거래를 하는 것을 금지하고 있다. 이에 반하여 다나하르타나 다나하르타의 자회사는 그들의 주주나 이사 또는 그들의 주주나 이사가 대주주로 있는 회사와 거래할 수 있도록 하고 있다. 즉 다나하르타는 효과적인 부실채권정리를 위

---

27) 다나하르타법 제58조.
28) Moneylenders Act 1951(Act 400), 제5조, License to be taken out by moneylenders.
   (1) Every moneylenders residing and carrying on business in Malaysia, whether as principal or as agent, shall take out annually in each State in which he carries on the business of moneylending a license.
29) 다나하르타법 제58조.

해 특수관계가 있는 자에게도 부실채권을 매각할 수 있는 권한을 부여
받은 것이다. 특수관계자간 부정행위 또는 부당행위에 따른 부작용보다
부실채권정리의 효과성과 신속성에 더 비중을 둔 제도라고 볼 수 있다.
또한 다나하르타법이 없으면 다나하르타가 자회사와의 거래를 하는 것
이 회사법 제132조의 G에 의하여 금지되기 때문에, 이의 적용을 배제하
기 위한 별도의 규정을 두고 있다.

우리나라의 부실채권정리법제상 이와 같은 특례규정은 발견할 수 없
다. 무엇보다도 공적정리기구인 자산관리공사는 상법상의 회사의 지위
를 가진 자회사를 둘 수 없도록 되어 있기 때문에 부실채권정리과정에
서 자회사가 발생할 수 없도록 되어 있다. 이와 함께 자산관리공사는 정
부와 한국산업은행등 금융기관들이 출자한 특별법에 의한 법인으로서
이사나 주주가 부실채권정리를 위한 매각거래에 참여할 수 없도록 되어
있다.

3. 국토관리법

말레이시아는 다나하르타법 부실채권정리지원을 위해 1998년 국토
관리법(National Land Code)30)을 개정하였다. 1998년 개정내용은 다음과
같다.

첫째, 다나하르타가 자산을 경제적이고 효과적으로 취득할 수 있도록
지원한다. 제3자가 피담보물건에 대해 가지고 있는 권익(interests) 때문에
은행이 가지고 있던 우선순위를 다나하르타가 취득하지 못하는 것은 아
니라는 점을 분명히 하고 있다. 다만 다나하르타법에 의해 기존의 제3자
의 등기된 권익이 보호되도록 되어 있다. 예를 들어, 제2순위의 다른 은
행의 권익은 그대로 유지되는 것이다.

---

30) 이는 우리의 부동산등기법과 같은 성격의 법으로 부동산담보물권에 대해서
　　는, 그 성립과 이전 및 이의 행사에 대해 규율한다.

둘째, 다나하르타의 부실채권인수는 취득증서(vesting certificate)의 발급에 의한다. 이에 따라 취득증서는 채권의 인수에 관해 제3자에 대항할 수 있는 증거(conclusive evidence)가 된다. 또한 취득증서는 등기 또는 등록의 목적에도 사용될 수 있다. 취득한 부실채권이 부동산으로 담보되어 있을 때, 다나하르타가 당해 취득증서를 제시하면, 등기소는 부실채권을 매각한 은행을 지우고 다나하르타를 새로운 담보권자로 기록하게 된다.

셋째, 다나하르타는 법정취득의 방법으로 자기가 취득한 부실채권을 양도 할 수 있다. 이를 통해 취득자는 다나하르타가 가지고 있던 모든 권익을 이전받게 된다. 그러나 취득자는 감독기관이 사전에 설정한 요건을 구비하여야 하는 것은 물론이다.

넷째, 필요할 경우 다나하르타가 인수채권의 회수가치를 극대화할 수 있도록 임의매각(private treaty) 방식으로 담보물건을 처분할 수 있는 권한을 갖도록 한다.

4. 구조적 기업개선에 관한 근거법
- 기업채무조정위원회(CDRC)

기업채무조정위원회는 비공식적인 회사회생절차를 대표한다. 1997년의 금융위기는 금융기관과 중앙은행이 금융구조의 붕괴를 막기 위해 상호 협조하지 않을 수 없는 상황을 초래하였다. 부실채권정리 원활화를 위해 금융기관 간 상호 협조하는 체제를 구축하기 위한 노력의 결과 탄생한 것이 기업채무조정위원회(CDRC, Corporate Debt Restructuring Committee)이다.[31] 이는 채무자와 채권자의 자발적 합의에 의해 법정관리 대상기업의 부실채권의 채무구조조정을 위해서 1998년 7월 출범하였으며, 채무기업과 채권자간 중재자로서 주로 도덕적인 설득(moral

---

31) 우리나라의 '기업구조조정촉진을 위한 금융기관합의'에 대비되는 것으로서, 우리나라 경우보다는 정부의 개입정도가 강하다고 볼 수 있다.

persuasion)에 의존하였다. 중앙은행(Bank Negara Malaysia)이 동 위원회에서 주도적인 역할을 하고, 잠재적인 회생가능성 및 RM50백만 이상의 부채를 가지고 있는 기업에 대해서만 관여하였다.32) 문제되는 개별 기업의 채권자위원회(Creditor's Committee)가 실권을 쥐고 기업개선제안서를 준비한다. 이를 '구조적'기업개선('structured' workout)이라 부르는 것은 채무자인 부실기업이 참여하기 위해서는 일정 요건을 충족하여야 하기 때문이다. 예를 들면, 채무자의 총부채 중 금융기관 부채가 차지하는 비율이 일정 비율 이상이어야 한다. 또한 부채의 출자전환에도 한도가 설정된다. 이러한 과정에서 채권자인 금융기관의 권익이 보호된다. 이러한 구조적 기업개선은 별도의 특별법의 제정 없이 이루어진다. 관련 이해당사자간의 관행화된 협약에 기초하기 때문이다. 다만 말레이시아에 있어서처럼 이를 촉진할 기관을 설립하는 경우에는 필요시 그의 설립에 관한 근거법이 마련되는 경우도 있다.33)

5. 기타 법률적 근거

1) 자산유동화증권의 발행

말레이시아는 부실채권의 매입과 처리를 위한 법적 인프라는 잘 정비되어 있으나, 외국투자가의 참여 및 자산관리기법을 비롯한 부실채권의 처리 또는 매각에 관한 기업법의 개발은 상대적으로 뒤져 있다. 예를 들어, 말레이시아의 부실채권 정리에 있어서 자산유동화제도가 발달되어

---

32) 기업채무조정위원회는 설립근거법이나 법적인 권한이 없었다. 다만 중앙은행의 실질적인 영향력에 의하여 운영되었다(Workout and Restructuring in Malaysia, Insolvency Systems in Asia : An Efficiency Perspective, Rajandram, Chairman of CDRC Malaysia, Nov, 1999).

33) Legal Issues : Malaysia, Shearn Delamore & Co, Guide to Restructuring in Asia, 2001.

있지 않다. 이는 말레이시아 정부가 부실채권의 정리에 일부 화교자본에
도 의존하고 있으나, 공적 자금의 집중적인 투입을 염두에 두고 있었던
점과 관련된다. 또한 금융위기 당시 말레이시아는 다른 나라에 비해 외
환유동성의 문제는 크지 않았으나 부동산 및 주식가격의 폭락이 금융기
관의 부실문제로 확산되면서 국내채무문제가 더 심각하였기 때문이다.
이에 따라 IMF의 권고를 따르지 않고 고정환율제와 독자적인 방법으로
위기를 극복하고자 하였던 것이다.

이러한 여건에도 불구하고 1986년 최초로 말레이시아는 house
mortgage의 유동화를 위해 정부의 특수법인체(Special Purpose Vehicle)로
Cagamas Bhd.를 설립하였다. 2000년 말 현재 유동화금액은 은행 총 대출
액의 23.8%를 차지한다. 말레이시아에서의 자산유동화는 소규모 채권을
매집하여 매각하는데 용이하며, 넓게 투자자 기반을 확보할 수 있는 수
단으로서 그 역할이 인정되었다.

다나하르타의 경우 2001년 12월 RM310 백만 규모의 자산유동화증권
을 발행하게 되었다. 이는 자산관리회사에서 발행한 유동화증권으로서
는 말레이시아 최초의 것에 해당한다. 특징적인 것은 이의 발행을 위해
별도의 특별법이 제정되지는 않았다는 점과[34] 기초자산(underlying assets)
은 부실채권(NPL, non performing loan) 대신에 performing loan으로 한 점
이다. 구체적으로는 다나하르타가 Securita ABS One Berhad에 자신의 보
유자산(액면가 RM595 백만)을 인도하고, Securita ABS One Berhad는 이를
담보로 선순위채권(Senior Notes)를 발행하여 일반 투자자에 매각하였다.
Securita ABS One Berhad는 이렇게 조달한 RM310 백만을 다나하르타에
인계하면서 후순위채권(Subordinated Notes)도 함께 발행하여 주었다.

---

34) 조세에 있어서는 우리나라에서와 같은 특례가 인정되지 않고 있으나 앞으
　　로는 자산유동화를 위한 경비를 비용으로 인정하고 손익의 인식에 있어서
　　도 자산유동화증권의 만기까지 균등분할하는 제도를 도입하는 법안이 추진
　　되고 있다. Asia Pacific Tax Update, Malaysia, 2003 Asia Pacific Tax Conference,
　　Baker and McKenzie 참조.

　2001년 4월 11일 증권거래위원회는 증권거래법을 근거로 유동화를 위한 증권화지침을 발표하였다. 동 지침에서는 유동화대상 자산, 발행자격 등에 대하여 규정하고 있다. 이 규정에 따라서 다나하르타는 CLO방식과[35] CBO방식의[36] 유동화증권을 발행한 바 있다.

2) 기업구조조정

　우리의 기업구조조정전문회사(CRC, Corporate Restructuring Company)는 부실기업의 인수 및 구조조정을 전담하는 민간회사로서 산업발전법에 그 설립근거를 두고 있다. 여기서 기업구조조정전문회사는 기업구조조정에 민간의 자본을 최대한 흡수하고 선진기업구조조정기법을 활용하기 위한 목적에서 도입되었으며, 순수하게 영리추구를 목적으로 하는 회사이다. 말레이시아는 이러한 역할을 다나하르타법에 의하여 다나하르타에 부여하고 있다. 다나하르타는 전술한 바와 같이 특별관리(Special Administration)의 권한에 의거하여 부실기업의 경영을 통제하고 기업가치를 증대시키는 역할을 한다.

　우리의 기업구조조정투자회사는 채권금융기관 간 협의를 기초로 기업구조조정투자회사법에 의하여 설립된다. 말레이시아에 있어서는 기업채무조정위원회가 이와 유사한 역할을 하고 있다. 다만 동 위원회는 회사의 형태를 빌리지 않고 있으며, 설립에 관해 별도의 특례규정이나 자본금이 소요되지 않는 점에 차이가 있다.

---

35) 우리나라의 경우 대출담보부증권(Collaterlized Loan Obligation)으로서 금융기관이 자기의 대출채권(loan)으로 펀드를 구성하여 이를 담보로 발행하는 증권이다. 투기등급의 기업에 대한 대출채권을 대상으로 하며 발행채권의 일부분은 후순위채권이다. 신용보강을 위해 신용보증기관의 보증을 받기도 한다.

36) 우리나라의 경우 수익증권의 일종으로서 은행과 투신사들이 보유하고 있는 투기등급의 부실채권을 모아서, 이를 담보로 발행한 증권이 채권담보부증권(Collateralized Bond Obligation)이다.

IV. 부실채권정리법제의 실제 운영

말레이시아에서 금융기관은 스스로의 구조조정, 부실기업 채무조정, 채권·채무상계 등의 일반적 방법을 활용하여 부실채권을 정리하는 이외에, 공적정리기구인 다나하르타를 통해 부실채권을 정리하였다. 실제에 있어서 90년대 말레이시아의 부실채권정리는 다나하르타가 주축이 되어 진행되었다. 이하에서는 다나하르타가 전술한 특별법적인 권한을 활용하여 부실채권을 정리한 과정에 대해 살펴본다.

1. 자금의 조달

초기에는 정부가 다나하르타의 부실채권 매입자금을 제공하였으나, 이후 추가 자금은 채권 발행을 통해 스스로 조성하였다. 1998년 6월 다나하르타는 20여개 금융기관에 7.4억 링기트(2억 달러)규모의 채권을 발행하였다. 총 발행 가능액은 250억 링기트로 설정되어 있고 만약에 추가 자금이 필요할 때 정부가 별도로 20억 링기트를 지원 가능하도록 하였다. 자산의 매입은 재무 건전성과 장기 운영의 성공 가능성 여부를 중시하였다.

5백만 링기트 이상의 대규모 부실채권만을 매입 대상으로 정한 것도 다나하르타의 특징 중 하나이다.

2. 부실채권의 매입 및 정리

다나하르타는 2000년 3월까지 약 480억 링기트에 달하는 부실채권을 관리하였다. 480억 링기트 중 191억 링기트는 장부가 대비 56%로 할인한 가격으로 매입한 자산이다. 즉 다나하르타는 액면가로 108억 링기트의 채권을 발행하였다. 나머지 자산은 매입대금 없이 인수하여 관리한다.

<표 III-8> 상업은행 부실여신비율 추이

(단위: RM Million)

	99년 말	00년 말	01년 말	02년 말	03년 말	04년 말	05년 5월
부실채권금액(RM)	29,770	32,453	42,898	41,409	39,138	40,547	38,765
전체여신 중 비율(%)	5.5	5.4	7.4	6.9	6.4	5.3	5.0
GDP	300,764	342,157	334,589	362,012	395,017	449,609	
GDP 대비율(%)	9.90	9.48	12.82	11.44	9.90	9.02	

* 출처: 말레이시아 중앙은행, "Bank System Indicators"

<표 III-9> 전체 부실채권규모 추이

(단위: RM Million)

	99년 말	00년 말	01년 말	02년 말	03년 말	04년 말	05년 5월
NPL	46,828	49,003	61,903	58,885	54,798	50,712	47,693
NPL/ Total Loans	6.4	6.3	8.1	7.5	6.8	5.8	5.4

* 출처: 말레이시아 중앙은행, "Bank System Indicators"

다나하르타는 금융권으로부터 부실채권을 매입하는 대가로 정부보증 증권이나 현금을 금융기관에 제공하였다. 만기는 5년이며 그 이후에도 재량에 따라 5년 연장이 가능하도록 옵션을 설정해 놓았다. 다나하르타가 자산을 처분함에 있어서 매입비용을 초과하는 이익을 얻을 경우 그 이익은 은행과 다나하르타가 8대 2의 비율로 배분하였다.

다나하르타는 전술한 바와 같이 부실채권의 매입 및 매각과 관련하여 다른 나라의 경우보다 훨씬 강력한 권한이 부여되어 있다. 금융기관으로부터 인수한 자산을 차입자의 동의 없이 매입 및 양도 할 수 있으며, 부실자산의 운영과 처리는 물론 해당 차입자가 경영하고 있는 부실회사의 운영에 관한 일체의 권한을 부여받았다.

한편 다나하르타의 부실채권 정리 업무는 매각보다 가치제고를 위한 관리에 중점을 두고 있기 때문에 채권의 장기 개선 가능성에 관한 판단이 매우 중요하다. 이에 다나하르타는 채무기업 자체의 경영능력과 업종의 장래성을 주요 판단 기준으로 삼는다. 이 두 개의 기준이 모두 건전한 기업은 채무조정 대상, 1개가 미흡한 경우에는 자산관리 대상, 2개 기준이 모두 취약하면 즉시 경매처분 대상으로 분류한다.

<그림 III-1> 다나하르타의 자산관리 메커니즘

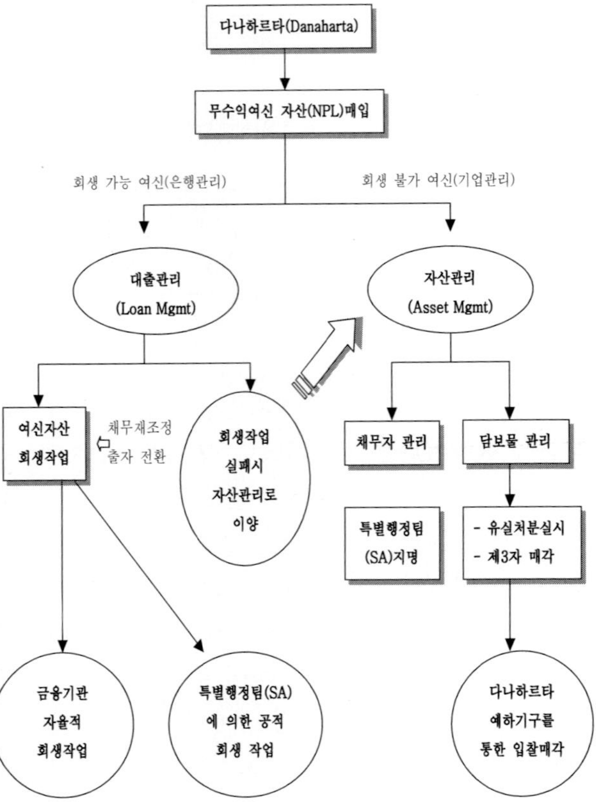

제5절 기타 국가

Ⅰ. 일　본

1. 부실채권문제의 대두

일본은 현재 1980년대 말 이후 부동산거품이 붕괴되고 10년이 넘게 장기불황을 겪고 있다. 일본경제의 극심한 부진의 요인은 막대한 규모의 부실채권(또는 이에 의한 금융시스템의 불안)을 해결하지 못한 것에서 비롯된다. 과다한 부실채권에 따른 만성적인 경영 불안요인을 안고 있는 은행은 경기침체기에 유동성 부족에 빠진 기업들을 지원할 여력이 없어 기업 부도의 고리가 이어지고 있다. 이에 따라 실물경기가 더욱 위축되고, 부실채권이 늘어나 다시 은행 경영을 악화시키는 악순환이 계속되고 있는 것이다.

일본 경제회복의 걸림돌이 되고 있는 부실채권의 규모는 2001년말 현재 36.8조 엔으로 1996년 3월 「금융재생법」 기준에 의거하여 부실채권규모에 관한 통계를 작성하기 시작한 이후 최대 수준이다.

<표 Ⅲ-10> 일본은행의 부실채권 현황

(단위 : 조엔, %)

	'98. 3	'99. 3	'00. 3	'01. 3	'02. 3	'03. 3	'04. 3
총 대 출 금	553.1	506.6	496.2	494.2	473.2	573.5	554.0
부실채권 잔액	29.8	29.6	30.4	32.5	42.0	34.8	26.2
부실처리 누계액	45.1	58.8	65.7	71.8	81.5	88.1	93.5
부실채권 비중	5.4	5.8	6.1	6.6	8.9	6.1	4.7

＊부실채권은 금융기관이 자체집계 관리하는 리스크 관리채권 기준자료
＊＊출처: 일본금융청, "금융통계월보"

<표 III-11> 부실채권 유형별 처리 현황

(단위 : 조엔, %)

	1997년	1998년	1999년	2000. 9월말
대손충당금 적립(A)	8.4	8.12	2.53	1.19
처리비중(A/D)	63.4	59.6	36.5	52.1
대손충당금 잔액	17.82	14.8	12.2	12.23
직접상각 등 (B)	3.99	4.71	3.86	0.97
(대출금 상각)	0.85	2.38	1.88	0.85
(매수기구 매각손)	1.04	0.36	0.28	0.06
처리비중(B/D)	30.1	34.5	55.7	42.4
1992년 이후 정리누계액	19.91	24.32	28.18	29.15
기타: 채권포기, 지원손실 등(C)	0.86	0.80	0.55	0.12
정리 총계(D=A+B+C)	13.26	13.63	6.94	2.27

* 회계연도(당해년도 4월부터 익년도 3월까지)
* * 출처: 일본금융청, "금융통계월보"

이는 GDP 대비로 5.6%로 한국이나 기타 개도국의 부실채권 비율이 20% 이상인 것에 비하면 매우 낮은 수치라 할 수 있겠으나, 미국이나 유럽에 비하면 높은 비율에 해당한다. 더욱이 일본 은행들은 대출 총액에 비해 자본금 규모가 작기 때문에 자본금 대비 부실채권비율은 한층 높아지게 되어 있으며, 이에 따라 BIS 비율이 크게 저하되고 있다.

현재 일본 은행이 보유하고 있는 부실채권의 업종별 현황을 살펴보면, 부동산업의 비중이 32.8%로 가장 높게 나타나고 있다. 부동산업은 거품 붕괴에 의한 지가 하락으로 가장 큰 영향을 받는 업종인데, 이와 관련된 은행권의 부실화가 지속되고 있음을 알 수 있다.

2. 부실채권정리제도

일본 정부는 부실채권 정리 과정 초기 금융기관이 자금지원을 하여 금융기관의 적극적 부실정리를 지연시킴으로써 오히려 부실화를 확대하는 오류를 범하였다. 이렇게 부실채권 정리가 소기의 성과를 올리지 못하자 일본 정부는 1999년 4월 금융관련법을 개정하여 기존의 정리회수은행과 주택금융채권관리기구를 합병하여 일본 부실채권 정리를 전담하는 정리회수기구(Resolution and Collection Corporation, RCC)을 발족시킨다. 예금보험기구는 RCC에 대해 2천 억엔의 자본금 전액을 출자하고, RCC의 업무 지도, 은닉자산 조사나 관계자 처벌 등에 대한 측면 지원 활동을 하고 있다. 최근까지 RCC의 활동내역을 보면 RCC 역시 부실채권 정리에 큰 성과를 거두지 못하고 있다. 이는 한국처럼 채무를 조정해 주거나 인수된 부실자산을 대량으로 매각하는 전략으로 접근하는 것이 아니라, 각 개별 채권을 추심하다 최종적으로는 경매를 통해 회수하는 소극적 전략을 택하고 있기 때문인 것으로 보인다.

일본에서도 채권유동화방식에 의한 부실채권정리기법이 많이 보급되어 있다. 다만 일본에서는 일반적으로 채권유동화의 개념에 부실채권의 증권화뿐만 아니라 매각도 포함시키고 있다.

3. 부실채권정리의 지연

2002년 3월까지 일본 정부는 은행권에 총 37.3조 엔의 공적자금을 투입했으나, 부실채권 정리는 물론 금융시스템의 구조 개혁에는 실질적 효과를 보지 못했다.

일본 정부는 기본적으로 경기가 회복되면 하락한 담보(특히 부동산)가치가 회복되어 자연히 부실문제는 해결된다는 입장을 현재에도 고수하고 있다. 일본 은행 측들도 경영 책임, 은행국유화 등을 이유로 공적자금 투입에 반대하였다.

부동산 거품 붕괴 직후 대장성과 각 은행들은 사태를 낙관하여 부실채권에 대한 근본적인 대책을 취하지 않았다. 일본 정부는 부실채권 처리보다는 경기대책에 중점을 두었다.

일본 은행들의 부실채권 정리 방식도 소극적이다. 일본 은행들은 해당기업의 부실채권을 대차대조표에서 완전히 없애지 않고 손실만큼의 충당금을 축적하는 '간접상각'방식에 치중하였다. 해당기업을 청산하는 등의 방법으로 발생한 손실을 감수하면서 부실채권을 대차대조표에서 완전히 없애는 '직접상각'방식과 달리, 간접상각의 경우에는 담보 부동산가격의 추가 하락으로 2차 손실이 발생하는 폐해가 발생하였다.

정리회수기구(RCC)는 국제입찰 또는 자산유동화증권 등의 대량 매각을 통해 부실채권을 조속히 정리하려는 의지가 결여되어 있을 뿐만 아니라, 선진 노하우에 대한 이해가 부족하고 경험이 없다.

또한 '합의형' 또는 만장일치로 상징되는 일본 특유의 의사결정 시스템에서도 부실정리 지연의 원인을 찾을 수 있다. 정치, 관료, 기업이 모두 합의해야 하는 의사결정 시스템이기 때문에 책임을 부과하기 어렵고 또 스스로 책임지려 하지도 않는다. 즉 일본 시스템은 위기 상황에서 리더가 결단하여 개혁을 주도하기 어려운 시스템이라 할 수 있다. 일본의 부실채권정리가 부진한 것은 우선 정부정책의 방향을 그 원인의 하나로 볼 수 있다. 부실채권문제는 경기침체에 따른 부수적 부산물로 판단하고 경기가 회복되면 자연히 해소되는 문제로 판단하였다. 부실채권 문제가 불황을 심화시키는 경제구조적 경로를 간과하였다. 1990년대 초 거품이 붕괴된 이후 일본정부는 재정 자원은 주로 경기 진작을 위해서 투입되었다.

1996년 제2금융권인 주택전문금융회사의 연쇄 도산함으로써 부실채권문제가 크게 부각되자, 부실채권 정리 문제를 해결하기 위한 6,800억 엔의 재정자금이 처음으로 투입되었다. 1997년 '대공황형 불황'이라 불리는 위기로 경기 침체가 더욱 가속될 조짐을 보이자 일본은 비로소 부실채권 정리를 위한 정치적 결단을 단행하였다. 1998년 60조 엔에 이르는 공적자금을 조성하고 2000년에 이르러서는 70조 엔으로 확충하였다. 그리고 2002년 3월 총 37.3조 엔의 공적자금을 투입하였다. 하지만 부실채권 정리 및 금융기관의 구조개혁에는 아직도 별다른 성과를 얻지 못하고 있다.

1999년 4월 금융관련법을 개정하여 기존의 정리회수은행과 주택금융채권관리기구를 합병하여 현재 일본에서 부실채권 정리 업무를 전담하고 있는 정리회수기구를 발족시켰다. 정리회수기구(RCC)는 우리나라의 자산관리공사에 해당한다. 최근 이에 의한 부실채권 매입 규모가 급증하고 있다. 2001년까지만 해도 정리회수기구(RCC)가 금융기관으로부터 매입한 부실채권 규모(액면가기준)는 연간 4~5천억 엔에 불과하던 것이, 2002년 들어 RCC의 부실채권 매입은 큰 폭의 증가를 기록하고 있다. 이와 같이 정리회수기구(RCC)의 부실채권 매입이 늘어난 것은, 정부의 금융기관에 대한 부실채권 처리 요구와 부실채권 매수 요구 강화 때문이다. 2002년부터는 기업존속을 전제로 한 시가매입의 부실채권도 증가하고 있다.

4. 산업재생기구 설립을 통한 기업·금융 재생[1]

2003년 4월, 부실채권 처리와 동시에 회생 가능한 기업이 보다 빠른 시기에 회생할 수 있도록 지원해주는 기구로서 산업재생기구를 설치하였다.

산업재생기구는 주식회사 형태로 예금보험기구 산하에 설치하고, 운영방침 및 임원선임에 대해서는 정부가 관여하고 있다. 정부·은행과 민간기업이 절반씩 출자하며, 존속기간은 5년이다.

주 기능은 기구 내 설치된 '산업재생위원회'를 중심으로 한 기업의 회생가능성 판단 및 채권 매입 가격 결정이다. 매수대상 채권은 은행(非주거래은행)이 '요관리대상기업'으로 분류하고 있는 기업 중, 기구가 회생 가능하다고 판단하는 기업의 채권이다. 이 때 매수 가격은 대상기업의

---

1) 삼성경제연구소, 일본금융기관의 부실처리 전망, 2003. 3. 11

회생을 전제로 할 때의 적정 시가이고, 채권 매입기간은 2003년 4월부터 2005년 3월까지 2년간으로 하고 있다.

회생가능으로 판정된 기업에 대해서는, 산업재생기구가 주거래은행과 협력하여 비주거래은행이 보유하고 있는 채권을 매입한 후, 사실상 경영권을 확보하여 회생을 추진한다. 기업의 회생은 재생기구의 회생계획에 따라 구조조정을 실시하고, 주거래 은행과는 채무감면 협상을 통해 3년 내 정상화를 목표로 추진하고 있다. 회생계획이 예정대로 진척되지 않을 경우 법적 정리도 가능하도록 되어 있다.

부실채권의 매입 한도는 10조 엔으로서, 이는 대형 은행의 관리를 요하는 채권 잔고 11.9조엔(2002년 3월말 기준)과 비슷한 규모이며, 자금은 시장에서 조달하고, 모두 정부가 보증한다. 산업재생기구를 설치하더라도 실제 운용상의 어려움으로 인해 당초 목표를 달성하는 데는 한계가 있을 것으로 보인다. 이는 기업회생 관련 전문인력 부족으로, 필요한 인재 확보에 어려움이 예상되고, 회생 가능성이 있는 기업의 판단 기준 설정에도 어려움이 예상되기 때문이다. 이미 경제산업성(「기업·산업재생 기본방침」)의 '부진기업이 재건계획의 종료시까지 채무잔고를 연간 현금흐름의 10배 이내로'하는 기준도, 건설업체 등의 반발로 좌절되었다. 단순 수치기준으로 기업의 회생여부를 결정하기는 어려우며, 그렇다고 임의적인 기준을 포함시키면 정치적 개입 등으로 인해 부실기업을 그대로 온존시킬 위험도 있다. 또한 부실기업에 대한 채권매입가격 설정에도 애로가 예상된다. 고가 매입을 할 경우 재생기구에 발생되는 추가 손실은 국민부담으로 연결되기 때문에 정치권의 반발이 예상되며, 반대로 저가 매입은 금융기관의 반발로 인해 매입에 어려움이 있을 것으로 보인다.

전술한 바와 같이 최근 일본에서도 신속하고 대량의 부실채권 정리가 가능하도록 정리회수기구(RCC) 기능을 강화하는 방안이 적극 검토되고 있는 중이다. 앞으로 일본에서도 부실채권의 국제입찰 또는 자산유동화 증권 발행이라는 적극적인 매각기법이 도입될 것으로 전망된다.

결론적으로 앞의 미국, 한국, 말레이시아의 사례에서도 설명하였듯이 한국가에서 금융위기 발생으로 부실채권문제가 발생하였을 때에 공적자금 투입으로 강력한 공적자산관리회사를 설립하여 적극적인 매각을 추진하는 것이 보다 효과적임을 발견할 수 있다.

II. 중 국

1. 부실채권 문제의 부각

중국은 지속적인 고도 경제성장, 세계무역기구(WTO) 가입, 2008년 북경올림픽 개최 등과 맞물려 향후 세계 경제대국으로의 부상이 기대되고 있다. 이러한 기대의 다른 측면에서는 중국 위기에 대한 우려도 높아지고 있다.

이러한 우려는 부실채권의 증가와 무관하지 않다. 크레디리요네증권은 최근 중국정부의 공공부채가 공식발표치의 6배가 넘는 GDP의 139%라고 추정했다. 재정적자 규모도 정부가 발표한 GDP 대비 2.6%가 아니라 10.4%에 달한다고 보고했다. 실업률 급증과 이에 따른 노사분규도 갈수록 경기불안 요인으로 작용할 것이라는 지적도 있었다.

중국 금융기관이 보유하고 있는 부실채권은 대부분 비효율적인 국유기업에 대한 대출에 기인한다. 이는 국유기업의 연쇄 도산과 실업률 증가를 우려한 정부의 지시형 신용정책 때문이다. 최근 중국 정부는 부실 국유기업의 처리를 더 이상 미루어 둘 수 없는 상황에 직면하게 되자, 이의 해결을 위한 다양한 대안을 점검하기 시작했다. 적극적으로 추진한 해외자본 유입정책은 향후 중국 부실채권시장에 대한 해외투자자의 진출을 더욱 활발하게 할 것으로 전망된다. 중국 부실채권의 규모, 발생원인 및 정리 전략 등 중국 부실채권시장의 현안은 국외 투자자에게 의미가 클 것이다.

2. 중국부실채권시장 현황

중국 부실채권시장의 현안을 파악하기 위해서는 무엇보다도 중국 부실채권의 규모를 추정해 볼 필요가 있다. 이것은 현재 부실채권의 규모가 얼마나 되는가 하는 점도 문제가 되지만, 과연 중국정부가 감당할 수 있는 수준인가를 판단하는 것이 무엇보다도 중요하기 때문이다. 2001년 10월 중국인민은행의 발표에 따르면 4대 국유상업은행(건설은행, 공상은행, 농업은행, 중국은행)의 부실채권 규모는 대출총액 6.8조 위엔의 약 26%인 1.8조 위엔이었다. 따라서 당시 중국 금융기관의 총 대출액이 10.9조 위엔이므로 중국 금융기관의 전체 부실 규모는 대략 2.8조 위엔(336조 원)으로 추정해 볼 수 있다.

다음으로 중국 부실채권 분포 현황을 살펴보면, 산업별로는 비국유기업의 시장진입이 가장 활발한 방직산업의 부실채권 비율이 가장 높은 것으로 나타난다. 다음으로 석탄, 석유, 기계, 화학, 전력, 건축 등 자본집약적인 기초산업에 부실채권이 집중되어 있다. 지역별로 보면 부실채권의 절대 규모로는 경제가 발달한 동부 연안 지역에 편중되어 있지만, 부실 정도로 보면 경제가 낙후된 중서부 내륙 지역이 더욱 심각하다.

또한 금융기관별로 부실채권의 편차가 매우 크다는 점이 중국 부실채권 분포의 또 다른 특색 중 하나이다. 가장 부실이 심한 은행은 비국유 지방은행과 신용합작사이며 다음으로 4대 국유 상업은행이다. 가장 양호한 금융기관은 전국 규모의 주식제 상업은행 10개이다. 이와 같이 금융기관별로 부실채권의 편차가 크게 나타나는 이유는 금융기관에 대한 지방정부의 통제력 정도의 차이 때문이다. 지방정부의 통제가 심한 지방은행이나 신용합작사의 경우, 이들 금융기관의 자금은 사실상 지방정부의 자금으로 간주할 수 있기 때문에 그만큼 부실채권 규모가 커질 수 밖에 없었다.

3. 부실채권의 발생 배경

중국 금융시스템을 개혁하는 데 국유 상업은행의 부실채권 문제가 향후 최대 걸림돌로 작용할 전망이다. 이들 4대 국유 상업은행의 부실채권은 대부분 국유기업에게 대출해 준 대출채권이다. 현재 4대 국유상업은행은 중국 전체 금융기관 대출금의 약 70%를 차지하고 있고, 이 대출금 중 약 70%가 국유기업에 집중되고 있다. 즉 국유기업의 자금은 전적으로 국유상업은행에 의해 조달되는 시스템이라고 할 수 있다.

그런데 실제 두개의 국가소유 경제 주체인 국유기업과 국유 상업은행 간에 도덕적 해이가 발생하게 된 주원인으로는, 국유 상업은행에 대한 관리·감독 시스템의 부족, 국유 상업은행의 인센티브 인식의 부족, 국유기업의 소유권의 불명확성 등을 지적할 수 있다. 이러한 두 주체간의 도덕적 해이가 중국 부실채권 규모의 대량화 및 심각성을 더욱 심화시켰다고 할 수 있다. 중국의 국유기업을 크게 분류하면 중앙정부에 소속된 국유기업과 지방정부 소속의 국유기업으로 나눌 수 있다. 중앙정부 소속 국유기업은 일반적으로 국가경제에 막대한 영향력을 갖는 핵심기업이면서 동시에 독점기업이기도 한다. 따라서 중앙정부는 소속 국유기업에 대해 자금 및 다양한 지원을 지속함으로써 이들 기업들의 부실 문제는 크게 부각되지 않았다. 문제가 되는 것은 지방정부 소속의 기업들이다. 이는 지방정부 차원에서 소속 국유기업을 지원할 수 있는 수단이 매우 제한되어 있기 때문이다. 대표적인 지원수단으로는 국유 상업은행의 지방 지점에 대한 간섭을 통해서 자금을 지원하는 방법과 지방시장 보호주의를 들 수 있다. 하지만 지방시장 보호주의도 시장이 점차 통합되면서, 지방시장 보호를 통한 지방국유기업에 대한 지원이 점차 어려워지고 있다. 이제 지방 정부가 유일하게 지원할 수 있는 방법은 국유 상업은행의 지방지점에 대한 간섭을 통해 해당 지방기업에 자금을 지원하게 하는 것이다. 따라서 국유 상업은행 자체의 예산 제약과 인센티브 메커니즘이 정비되지 못한 여건 속에서는 지방지점은 해당 지역 정부의 통제에 더욱 구속받을 수 밖에 없게 된다. 이러한 상황 하에서 지방정부의 지역 이기주의가 은행지점 직원과의 유착을 통해 대량의 부실채권을 양산하는 구조를 초래시킨 것이다.

4. 부실채권 정리 제도 및 운영

1997년 이후 중국정부는 국유기업 개혁에 더욱 박차를 가하게 되었다. 이는 국유기업의 적자문제가 더 이상 방치할 수 없을 정도로 심각한 상태에 이르렀음을 인식하였기 때문이다. 1997년 말 당시 중앙정부의 직접 통제를 받는 1만 6천여 개 국유기업 중 1/3이 넘는 6,939개 기업이 적자 경영이었다. 중앙정부는 사회주의의 특성상 이데올로기 차원에서 정치·사회적 안정을 우선시하면서 부실기업 처리문제는 자연 소홀히 해 왔는데, 동아시아의 외환위기를 목격한 이후 중국정부의 시각에 큰 변화가 일어났다. 이에 중앙정부는 부실기업의 처리를 더 이상 지연시키면 경제적 혼란뿐만 아니라 정치·사회적 불안정을 초래할 가능성이 있다는 점을 크게 인식하면서 부실채권 처리에 박차를 가하게 된다. 이러한 과정에서 4대 국유상업은행의 부실채권을 전담해서 처리하는 4개의 금융자산관리공사(화룡, 동방, 신달, 장성)가 설립되었다. 금융자산관리공사의 부실채권 인수 범위는 4대 국유상업은행과 국가개발은행이 95년까지 보유하고 있던 유기와 태체[2]이다. 인수 가격은 해당 은행의 장부가격으로 하였고, 인수 자금은 재정부 지급보증채권과 인민은행 차입금으로 조달하였다. 그 결과 4대 금융자산관리공사는 2001년 6월말까지 약 1조

---

2) 유기(踰期): 원금미상환 만기일(상환연기포함)부터 1년 이하인 채권.
　태체(怠滯): 원금미상환 만기일(상환연기포함)부터 1년 초과한 채권.

3,939억 위엔 규모의 부실 금융자산을 인수하였다.[3] 현재 중국정부의 부실채권 정리 방법 중 가장 활발하게 이루어지고 있는 것이 출자전환이다. 국유기업을 담당하고 있는 국가경제무역위원회가 601개 기업을 추천하고, 금융자산관리공사가 그 중 580여개 기업에 4,050억 위엔을 출자전환하였다. 출자전환에서의 문제점은 대상 기업의 선정 기준이 매우 모호하고, 실제로는 규모가 크고 부채비율이 높은 기간산업에 속한 기업들이 선정된다는 점이다. 즉 파산시키기에는 부담이 되는 규모가 큰 기업이 정치적인 고려에 의해 출자전환을 하는 것이다. 2000년 기준으로 출자전환 기업의 80% 이상이 이자부담 경감으로 인하여 흑자를 실현하였다. 그러나 현재까지는 출자전환기업의 지분을 외국인에게 매각하는 것은 매우 제한적이며, 출자전환기업의 금융자산관리공사 지분은 대부분 원래 기업이 재인수하는 상황이다. 중국 부실채권의 처리 과정에서 부각되는 문제점으로는 부실채권 처분과 관련한 제반 법적·제도적 인프라 미비, 투명성 부족, 지방정부와 해당기업(경영자 및 노동자)의 저항, 분식회계로 인한 기업가치의 정확한 파악 곤란 그리고 부실채권에 대한 국내수요 부족 등을 들 수 있다. 이 중 가장 걸림돌이 되는 것은 부실채권 처리와 관련된 법규의 미비다. 법규 미비의 대표적 예로는 부실채권 처리 과정상 담보권의 실행이 곤란하다는 점을 들 수 있다. 1986년에 제정된 파산법은 중국 국유기업의 파산시 적용되는 법인데, 이 법에 의하면 담보권은 최우선 변제채권으로 규정되어 있다. 그러나 실제 국유기업을 파산시키는 경우 파산재단 중 가장 중요한 부분을 차지하는 토지사용권에 담보권이 설정되어 있다 하더라도, 매각 대금으로는 종업원의 퇴직수당이 우선 변제된다. 따라서 실제 파산을 통한 채권의 회수율은 매우 낮다. 2000년 세계은행 보고서에 의하면 중국 은행들의 채권회수율은

---

3) 2004년도에 신달자산관리공사는 중국 및 교통은행에서 1,440억 위엔을 인수하였으며, 동방자산관리공사도 건설은행으로부터 569억 위엔을 추가 인수하였다.

3~8%에 불과하다.

한편 파산과정상의 문제점은 지방정부가 파산과정을 주도하고 있다는 점이다. 다시 말하면 파산을 집행하는 관할 법원을 사실상 지방정부가 통제하고 있어 지방정부의 정책에 의해 파산과정이 좌우되고 있는 실정이다.

또한 다른 현행법상 문제점으로는 국가 또는 법인이 소유한 주식은 유통이 금지되어 있다는 점이다. 향후 자산관리공사가 부실기업을 인수하여 주식시장에 상장시켜 매각하려는 경우, 이들 기업이 대부분 국가소유 또는 법인소유라는 점을 유의하여야 하며, 이에 대한 법률 정비가 시급하다.

중국정부는 자산관리공사를 통한 국유상업은행의 부실채권 처리에 역점을 두고 있으나, 현재까지는 각 상업은행의 부실채권에 대한 기본적인 심사 내지 가치평가와 관련하여, 해당기업과 은행, 자산관리공사간의 기본적인 계약만 이루어진 상태이다. 실제로 자산관리공사가 부실채권을 인수하여 이를 운용하는 데에는, 중국의 제도적 특성으로 인하여 많은 어려움이 예상된다. 더욱이 자산관리공사의 부실채권 정리 능력이 의문시 된다. 4개 자산관리공사의 인력과 조직은 대부분 기존 국유상업은행의 관련부서로부터 그대로 승계 받은 상태이다. 이들은 국유상업은행의 기존 인력이라는 점에서 우선 경영 마인드의 커다란 변화가 없고, 실제 부실자산을 정리한 경험 또한 전무한 상태이다. 마지막으로 부실채권시장은 물론 일반 시장에 잠재된 여러 위험 요소가 시장에서의 처리 시스템 확립에 장애가 된다는 점이다. 예를 들어 기업가치 평가시 회계장부의 신뢰성이 낮기 때문에 회계장부를 통한 기업가치의 산술적인 평가는 신뢰성이 매우 낮다. 따라서 국유기업의 가치를 판단할 때는 기업 주주의 구성, 부실채권 처리와 관련한 해당 지방정부의 성향, 해당기업의 시장점유율, 그리고 산업의 특성에 대한 심도 있는 고려가 선행되어야 할 것이다. 중국의 경우는 국책은행별로 4개의 공적 자산관리회사를 출범시켰다. 하지만 부실자산 인수를 위한 공적자금이 새롭게 투입된 것이 아니라 각 자산관리회사들은 관련 국책은행(중국은행, 공상은행, 건설은행, 농업은행)의 자산을 장부가격으로 형식적으로 인계받았다.[4] 따라서 각 자산관리회사들은 부실채권을 실제 정리하면 발생하게 될 손실을 처리할 수 있는 능력이 없다. 즉 자산관리회사 단독으로 부실채권을 정리할 수 있는 권한이 부여되어 있지 않은 셈이다. 실제적으로는 인수 채권을 대상 국유기업에게 출자전환하는 방식밖에 택할 수 없는 상황이다. 또한 적극적인 매각이 불가능한 것은 매각과 관련한 각종 법적 인프라가 크게 미비하고 자본시장 여건이 전혀 마련되지 않은 상태와도 관련된다. 결론적으로 중국 당국은 부실채권문제의 중요성은 인식하지만 실제적으로 재정자금을 직접 투입하여 손실을 확정시키는 진정한 부실채권정리방법은 아직 채택하지 않고 있는 상황이라 할 수 있다.

<표 III-12 > 중국 부실채권 정리 현황

(단위＝억 위엔, %)

구 분	화융AMC	신달AMC	동방AMC	장성AMC	합 계
매입부실채권총액(A)	4,077	3,730	2,674	3,458	13,939
부실채권 정리액(B)	2,095	1,511	1,046	2,099	6,751
현금회수분(C)	413	508	233	216	1,370
정리진도율(B/A)	51.4	40.5	39.1	60.7	48.4
현금회수율(C/B)	19.7	33.6	22.3	10.3	20.3

* 자료: 중국은행감독위원회 (2004년 말 기준)

---

4) 이에 따라서 2002년 11월 현재 중국의 자산관리공사들이 보유하고 있는 부실채권의 실제 시장가치는 장부가격에 크게 못 미칠 것이라는 것이 일반적인 평가이다.

제6절 각국 제도의 비교·평가

I. 정부 주도의 부실채권 정리

부실채권정리제도는 좁게 볼 경우 협의의 부실채권정리제도라 할 수 있는 부실채권의 매입과 매각에 관한 제도와 법적인 특례로 한정하여 볼 수 있다. 본서에서 연구대상으로 하는 부실채권은 주로 금융기관이 보유하고 있는 부실채권으로 이는 금융기관의 부실기업에 대한 채권의 정리와 관련된 것이다. 금융기관은 부실채권을 정리하기 위한 방법으로서 부실기업의 구조조정 방법을 사용하고 있는데, 이러한 구조조정제도는 부실채권의 정리에 있어서도 매우 중요한 역할을 하고 있다. 이러한 관점에서 볼 때 기업구조조정제도 역시 넓은 의미에서 부실채권정리제도의 하나로 볼 수 있다.

앞에서는 부실채권정리제도의 산파라 할 수 있는 미국의 제도를 연구하고 이어 우리나라의 부실채권정리제도를 법적인 측면에서 연구하고 이의 성과를 분석하였다. 이와 함께 부실채권정리를 위한 공적기구에 강력한 권한을 부여하고 매우 효과적인 부실채권정리실적을 거둔 말레이시아의 제도에 대해 자세히 검토하였다. 본 절에서는 미국, 우리나라 그리고 말레이시아의 제도의 장단점을 비교분석하고자 한다.

일반적으로 미국은 1980년대 저축대부조합의 위기를 적은 비용으로 해결한 것으로 평가하는 반면, 일본은 금융위기의 해소에 성과를 거두지 못하고 있는 것으로 보인다. 본 연구에서는 미국, 우리나라 그리고 말레이시아를 성공적 사례로 분류하고 기타 일본과 중국의 사례를 연구한다. 특히 본 절에서는 성공사례로 들 수 있는 미국, 우리나라, 말레이시아 제도 및 경험의 공통점 또는 상이점을 알아보기로 한다.

부실채권 정리에 성공한 사례로 평가되는 국가들의 기본 공통점은 부실채권 정리를 위해 국가 차원에서 강력히 대응하였다는 점이다. 미국, 한국 및 말레이시아의 경우 정부가 강력한 권한과 기능을 가진 부실채권 정리 전담기구를 설립하였고 공적자금을 적극 투입하였다. 부실채권 문제를 일시적인 경기 침체에 따른 2차적 산물로 받아들이지 않고, 경제 '구조적'문제로서 국가의 최우선 과제로 인식했다. 경기부양책을 우선하고 이에 따라 성공적으로 경기 회복이 되면 부수적으로 부동산시장이 활성화됨으로써 부실채권의 담보가치가 회복되어 부실채권 문제가 해결되도록 하는 우회적 방안에만 의존하지 않았다. 부실채권을 먼저 해결하여 경제 구조적 결함을 개선해야만 금융산업 나아가 국가경제의 건전성을 회복한다는 관점에서 대처한 것이다.

자본시장, M&A시장, 구조조정시장의 제반 여건이 완비되어 있었던 미국에서조차 정부 주도적인 처리 방침을 세웠다. 한국이나 말레이시아에서는 자본시장의 인프라가 초기 단계일 뿐 아니라 부실채권시장이나 구조조정시장이 전무한 실정이었기 때문에 정부가 주도적으로 부실채권 정리에 앞장선 것은 불가피한 선택이었다고 할 수 있다.

강력한 공적정리기구를 설치한다는 것은 크게 두 가지로 해석할 수 있다. 첫째, 부실채권 정리를 위한 재원을 신속히 공급하고자 한다는 점이다. 둘째, 공적정리기구에 기존의 민사법 규정에 우선하는 법적 특례를 부여한다는 점이다. 여기서는 자금 공급문제만을 언급하고, 법적 권한은 다음 절에서 상세히 다루기로 한다.

재정자금 또는 공적자금의 투입에 있어서 한국과 말레이시아는 부실정리를 위해 별도의 국채를 발행하였다. 실제 부실채권정리를 위한 재원 마련을 위해 국채를 발행한 국가는 오직 이 두 나라에 불과하다. 미국은 재정자금을 동원하였지만 별도의 국채까지 발행하지는 않았다. 특기할 것은 말레이시아 경우에는 5년 만기 국채를 발행했지만 상환 문제가 조기에 표면화 될 것을 대비하여 5년 연장의 권한을 사전에 부여함으로써 부실채권정리기금의 존속기한이 연장될 수 있는 장치를 마련하였다. 우리나라에서는 국채를 3년 내지 5년 만기로 발행하면서 연장권한이 부여되지 않아 공적자금 상환이 조기에 문제되고 있는 것과 비교된다.

II. 공적정리기구의 설립

1997년에 들어서면서 대기업들의 연쇄적인 부도 사태로 금융기관의 부실채권이 급증하게 되면서, 당시 금융 자율화와 개방화 과정에서의 치열한 경쟁을 감안할 때, 금융부실 문제는 해당 금융기관의 건전성 뿐만 아니라 우리나라 금융시스템 전반의 안정성 확보에도 심각한 장애 요인으로 부각되었다.

당시의 부실채권 정리 시스템은 금융기관의 책임 하에 자체적으로 또는 공사에 채권 회수를 위임하여 법원경매를 통해 채권회수를 하는 체계였다. 이 과정에서 채권을 변제받기 위해서 금융기관들이 일시적으로 불가피하게 채권과 상계하여 취득하게 되는 담보부동산은 공매를 통하여 처분하였다. 또 담보물을 처분한 후에 잔존채권이 있으면 채무자의 재산을 조사하고 그 후에 채권회수가 불가능한 채권에 대해서는 대손상각 등의 방법으로 금융기관의 손실로 정리하고 있었다.

그러나 부동산 담보물건의 유일한 정리방법인 민사소송법상의 경매제도는 경매법원의 법적 절차가 매우 복잡하였다. 개별 담보별로 경매를 진행함에 따라 채권 회수 기간이 장기간 소요되었으며, 법원에 국한된 경매시장의 폐쇄성에 따라 국민들의 참여가 용이하지 않았다. 용도의 부적합 등의 이유로 부실채권의 회수기간이 장기화되고 연체이자 등이 늘어나는데 반하여, 경매가격 하락 등으로 부실채권 회수율은 저조하였다. 이는 결과적으로 채권자인 금융기관이나 채무자 모두가 손해를 보는 악순환의 결과를 가져왔다.

이와 같이 부동산 담보 위주의 여신 및 부동산 가격 하락 등으로 부실채권을 발생시킬 구조적인 요소가 상존하였으므로 정부는 부실채권이 누적되는 악순환을 끊기 위해 금융기관 부실채권의 조기 정리가 불가피하다고 판단하였다. 따라서 정부는 단기간에 집중적으로 신속하고 효율적인 부실채권 정리를 위해서 기존 법 체제의 틀을 벗어난 과감한 부실채권 정리전담기구의 도입을 추진하게 되었다.

한국자산관리공사는 1997년 11월 19일에 제정된 자산관리공사법에 의해 기존의 성업공사의 기능을 대폭 강화하여 배드뱅크(Bad Bank) 역할을 수행하는 공적 자산관리회사로 태어났다. 금융기관으로부터 부실채권을 매입하여 처리하는 권한 및 구조조정을 위한 채무조정 및 출자전환의 기능이 부여되었다.

한국자산관리공사는 특히 부실채권 매입에 있어서는 전 금융권으로부터 매입이 가능하도록 권한을 부여 받았다. 미국의 공적자산관리회사였던 정리신탁공사(RTC)의 경우는 제2금융권에 해당하는 저축대부조합(S&L, Savings & Loan Associations) 중 파산한 저축대부조합의 부실채권만 매입하였다. 말레이시아 공적 정리기구인 다나하르타의 경우는 제1금융기관 중심으로 대량 매각이 손쉬운 대규모 부실채권 위주로 매입을 제한하였다. 이에 비해 한국 자산관리공사는 모든 금융기관의 부실채권을 매입할 수 있는 권한을 부여 받았다. 또한 파산 금융기관은 물론 우량 금융기관의 부실채권도 매입할 수 있도록 되어 있다.

한편 한국자산관리공사는 부실채권의 처리 면에서는 말레이시아의 다나하르타와 같은 다양한 권한을 부여받지 못했다. 부실채권 정리(처리)는 그 방법면에서 즉시매각과 구조조정 또는 기업개선 후 매각의 크게 두 가지로 나눌 수가 있다. 보유 기간이 길어지면 자산가치가 하락하는 채권의 경우는 다양한 방법으로 단기간의 대량 매각을 추진하여야 한다. 반면 장기간 보유하면서 채무 및 재무조정을 전제로 기업구조조정으로 단행하여 자산(기업)가치를 높여서 매각하여야 할 채권도 있다. 이런 기능을 공적정치기구의 구조조정 기능이라 할 때, 한국자산관리공사의 경우는 단기간 매각 위주의 기능이 강조되어 있을 뿐, 구조조정을 통한 장기간 매각 기능은 거의 없다.

말레이시아에서는 부실채권 정리를 위해 다나하르타라는 이름의 공적정리기구를 설립하였다.

다나하르타에는 부실채권 매입 및 처리를 촉진하기 위해 일반법을 배제하는 권한은 물론, 기업 구조조정을 강력히 수행하기 위한 제반 기능 및 권한도 부여받고 있다. 다나하르타에는 부실채권의 매각에 있어 일반 경매 절차를 생략하고 단독으로 입찰경쟁에 부칠 수 있는 권한, 특히 채무자의 동의 없이 처리할 수 있는 권한이 부여되었다. 이는 신속한 부실채권 정리를 가능하도록 하기 위한 조치이다. 기업 구조조정을 실질적으로 수행하도록 대상 기업의 경영에 직접 참여하고, 관리하는 기능까지 부여되었다. 부실채권을 매각할 수 있는 거래상대방에 대해서도 제한을 두지 않고 있다. 예를 들어, 다나하르타의 주주나[1] 이사도 입찰에 응할 수 있으며, 다나하르타의 주주나 이사가 대주주로 있는 법인도 응할 수 있다.[2] 이러한 자회사도 다나하르타의 부실채권의 매각에 응할 수 있도록 되어 있다.

다나하르타는 은행업과 대금업을 영위할 수 있다. 다나하르타는 부실기업과 신용이 불량한 개인에 직접 금융지원을 할 수 있다. 이와 함께 은행업과 대금업을 통해 이윤을 도모할 수 있도록 되어 있다.

다나하르타는 각국이 설립한 공적자산관리회사 중 가장 강력한 권한을 갖추고 있다고 볼 수 있다. 이러한 권한은 부실채권정리의 효율성과 신속성 측면에서 매우 긍정적인 작용을 한 것으로 평가되고 있다. 한편 이러한 효과성과 신속성의 이면에는 특례의 부여에 따른 부작용의 가능

---

1) 다나하르타의 주주는 국가(재무부장관)이다. 다나하르타법 제9조.
2) 다나하르타는 자회사를 둘 수 있다. 이는 다나하르타가 주식을 인수한 부실 기업이 주를 이룬다.

성이 남아 있는 것이 사실이다. 예를 들어, 부실채권의 인수와 양도에 있어 채무자의 동의 없이 절차를 진행할 수 있도록 한 것은 기존의 채권의 양도 및 양수에 관한 법적·제도적 안정성의 희생 위에 주어진 것이다. 우리나라의 자산관리공사법 및 주택저당채권유동화회사법상 채권양도에 관한 특례 및 통지·송달에 관한 특례 등과 달리 다나하르타법에서는 채무자 동의를 생략하고 있는데 이는 채무자의 권익을 현저히 침해하는 결과를 초래할 수도 있는 것이다.

한편 다나하르타법은 다나하르타의 공정성과 중립성이 여타의 견제장치를 통해 이미 확립되어 있음을 전제로 다나하르타에 금융업 및 대부업을 허용하고 부실채권매각의 상대방에 대한 제한을 없애고 있다.

미국에 있어서 정부개입에 의한 금융기관 부실채권정리는 1980년대 저축대부조합의 정리를 대표적 사례로 들 수 있겠다. 저축대부조합의 정리는 재정자금의 투입을 최소화하고 시장기능을 활용함으로써 매우 경제적으로 추진한 것으로 평가되고 있다. 미국 정리신탁공사(RTC)는 법적 권한 및 기능면에서 보면 일반적인 부실채권 정리 전담기관이라기보다는 부실화된 저축대부조합의 '파산정리'전담기관으로 보아야 한다. 즉 1980년대 후반 금융위기가 발생하자 미국은 제1금융권 기관 정리는 연방예금보험공사(FDIC, Federal Deposit Insurance Corporation)가, 제2금융권 기관인 저축대부조합은 정리신탁공사(RTC)가 정리를 전담하는 방침으로 대처하였다.[3] 정리신탁공사(RTC)는 저축대부조합을 정리해 나가면서, 주로 우량은행 또는 우량 저축대부조합에게 자산부채를 이전하는 방식(P&A, Purchases of Assets and Assumption of Liabilities)으로[4] 정리하였는데, 이전하지 않은 자산을 중심으로 매각 업무도 부수적으로 수행하였다. 미국 정리신탁공사(RTC)는 저축대부조합의 파산 정리에 관한 사항을 결정

---

3) 정리신탁공사(RTC)는 S&L에 관해서는 작은 FDIC 역할을 수행한 것이다.
4) 우량한 기업 또는 금융기관이 부실기업 또는 금융기관의 부실채권을 제외한 우량한 자산과 부채만을 인수하는 것을 말한다. 자산부채이전은 청산, 인수, 합병 등처럼 부실기업 또는 부실금융기관을 정리하는 방법의 하나이다.

함에 있어서 연방예금보험공사와 동등한 권한이 부여됐지만, '순수한'부
실채권 정리를 위한 기능 측면에서의 구조조정 권한은 전혀 부여되어
있지 않았다. 이러한 점을 감안할 때, 미국 정리신탁공사(RTC)는 한국자
산관리공사 및 말레이시아 다나하르타와 같이 부실채권 정리를 전담하
는 기관이었다고 보기 어려운 점이 있다.

미국의 정리신탁공사(RTC)와 한국자산관리공사 및 말레이시아의 다
나하르타의 특징을 비교하면 다음의 표와 같다.

<표 III-13> 각국 공적기구의 역할 비교

국 가	미 국	한 국	말레이시아
대표기관	RTC(89~96)	한국자산관리공사(97~)	Danaharta(98~)
기본운영	· S&L 정리 중심 · 자산매각, 부수적 · 기업구조조정기능 없었음	· 매각중심 · 기업구조조정 부수적	· 기업구조조정중심 · 매각, 부수적
법적능력	· S&L의 파산정리기관 · 작은 FDIC	· 신속한 매각위주 · 출자전환 등 구조 조정 기능미비	· 경매절차 생략 · 관리, 경영 참여 · 채무자 동의 불필요 · 기금 연장 가능

매입자산
매입자금
	· S&L자산만 인수(주택 부
	  동산 중심)
	· 재정자금 투입
		· 全 금융기관 자산(우량
		  기관 포함)
		· 공적자금 투입
		  (기금채 발행)
			· 대규모 채권만 매입
			· 공적자금 투입
			  (기금채 발행)

매각방식	· 기존시장에서 다양한 방 법으로 매각 · ABS 포함	· 다양한 방법 · ABS 포함	· 대량 입찰 위주

정부정책	· P&A정리방식에 의한 S&L
	  의 주 목표
		· 신속한 처리
		· 매각손실은 국가부담
		· 부실정리→경기회복
			· IMF 와 독자적 결정
			· 구조조정으로 기업 개선
			  에 중점

여 건	· 시장여건 성숙	· 부실 채권 시장 전무
		· 외환위기로 인한 경제
		  위기
			· 대외채무 문제보다 대내
			  채무 문제가 원인

비 고	· 정부 재정상 최소 비용
	  투입
			· 단일의 특별법을 통해
			  신속히 처리

III. 매각 기법 및 방식

　공적정리전담기구의 입장에서만 보면 효율적인 부실채권정리를 위해서는 싼 값에 부실채권을 매입하여 비싼 값에 매각하는 것이 중요하겠지만, 국가경제 전체적으로 보아 부실채권 정리의 성공 여부는 결국 정리 실적에 따라 판단되어야 한다. 각국의 예를 보면 다양한 매각 방식을 통해 대규모의 채권을 매각하는 방식을 채택한 국가는 자연히 단기간 내에 많은 채권을 정리할 수 있었다. 이러한 방식을 채택한 국가는 미국, 한국 그리고 말레이시아이다. 물론 단기간 신속한 매각의 성공여부는 정부 방침 뿐 아니라, 해당 국가의 시장여건에도 크게 좌우된다는 점을 부인할 수 없다.

　한국은 1997년의 외환 위기 극복 과정에서 부실채권이라는 단어조차 생소했을 정도로 부실채권시장이라는 인프라가 구축되어 있지 않았다. 그럼에도 불구하고 부실채권정리에 있어서 성공적 사례로 평가받게 된 것은, 무엇보다도 부실채권의 신속한 정리를 최우선 과제로 인식한 정부의 강력한 의지와 이를 추진하기 위한 제도의 신속한 정립에 있었다. 또한 다양한 매각기법을 도입하고 해외자본을 유치한 결과라 할 수 있다. 자산관리공사가 도입한 매각방법으로는 국제입찰, 자산유동화증권 발행, 자산관리회사(AMC), 기업구조조정 전문회사(CRC) 및 기업구조조정 투자회사(CRV) 등이 있다. 특히 2000년 7월 부실채권을 기초자산으로 한 외화 표시 ABS발행은 달러화 표시채권으로 해외자본유치를 위한 성공적 사례로 평가받고 있다.[5]

　미국의 경우는 자본시장 및 M&A시장이 이미 성숙 단계에 있어서 부

---

5) 위 사례 연구를 위해 하버드 경영대학원 Mr. Chacko 교수 일행은 2005년 1월 KAMCO를 방문하였으며, 2005년 하반기 하버드 비즈니스 스쿨의 Case Study 대상으로 채택 하였다.

실채권 정리에 다양한 매각기법을 사용할 수 있는 여건이 성숙해 있었다. 이러한 여건 때문에 부실채권을 자산담보부증권화(ABS) 방식으로 정리하는 길이 열렸으며, 시장 친화적인 다양한 매각 방식을 여타 국가보다 손쉽게 도입할 수 있었다. 이 결과 미국은 최소 비용(재정자금)을 투입해서 성공한 대표적 국가로 평가받고 있다.

다양하고 적극적인 매각이라는 측면에서 보면 말레이시아의 다나하르타는 한국 및 미국에 비해 다소 부진하다. 다나하르타도 대량 매각을 추진하긴 했지만 입찰 참가자를 국내로 제한했고, 대상자산도 대규모 자산 위주로 한정했다.

반면 장기적으로 부실채권의 가치를 증대시켜 매각하기 위해 당해 부실채권의 채무자인 기업의 구조조정은 한국 또는 미국에 비해 그 성과가 크게 앞선다. 실제 말레이시아 당국은 국제입찰 등에 의한 부실채권 처리 방식은 국부 유출이라는 인식을 강하게 갖고 있었다. 따라서 다나하르타는 구조조정에 의한 기업개선에 중점을 두었다. 다나하르타는 구조조정 대상 기업의 경영 및 관리에 직접 관여하여 실질적인 기업구조조정 업무를 수행하고 있다.

IV. 부실채권 정리시 법적 처리

우리나라 공적정리기구인 한국자산관리공사의 설치근거법인 한국자산관리공사법에서는 금융기관이 부실채권을 정리하는 방식에 있어서 공사가 이해관계자로 등장하게 되고 부실채권의 양도 및 양수를 한번 더 거치게 됨에 따라서, 기존의 민법 및 민사소송법상 규정이 부실채권을 신속하고 원활하게 하는데 장애가 되는 것을 해결하기 위해 민법·민사소송법 및 민사집행법에 대한 특례조항을 두고 있다. 말레이시아 정부는 국내 공적기구의 적극적인 개입과 공적 자금의 동원을 통해 부실채권을 신속히 처리하기 위한 방식을 모색하였다. 이 과정에서 공적기구의 활동에 대해 전통적인 법제의 적용을 배제하는 특례를 폭넓게 인정하게 된 것이다. 다나하르타는 말레이시아에 있어서 부실채권정리를 위한 대표적 기구로서의 역할을 하였다. 말레이시아의 다나하르타는 우리나라 자산관리공사와 마찬가지로 채무자, 금융기관, 투자자 이외에 부실채권정리 과정에 또 다른 이해관계자로 등장하게 된다. 그러는 가운데 부실채권의 양도 및 양수과정이 한번 더 나타나게 됨에 따라 기존의 법제를 그대로 따르는 경우 부실채권을 신속하고 원활하게 회수하기 어렵다는 현실적인 문제에 접하게 되었다.

이러한 문제를 해결하기 위해 다나하르타법과 국토관리법(National Land Code)은 다음과 같은 특례를 인정하고 있다.

1) 다나하르타는 금융기관이 보유한 부실자산을 차입자의 동의 없이 매입 및 양도할 수 있다.
2) 부실자산의 운영과 처리는 물론 해당 차입자가 경영하고 있는 부실기업의 운영에 관한 일체의 권한을 부여받는다.
3) 제3자가 피담보물건에 대해 가지고 있는 권익(interests)에 불구하고 은행이 가지고 있던 우선순위를 다나하르타가 취득한다(다만 다나하르타법에 의해 기존의 제3자의 등기된 권익은 보호된다).
4) 다나하르타의 부실채권인수는 취득증서(vesting certificate)의 발급에 의하며 이러한 취득증서는 채권의 인수에 관해 제3자에 대항할 수 있는 증거(conclusive evidence)가 된다.
5) 필요할 경우 다나하르타가 인수채권의 회수가치를 극대화할 수 있도록 임의매각방식으로 담보물건을 처분할 수 있는 권한 등이 인정된다.

결국 다나하르타를 통한 부실채권의 양도 및 양수의 절차는 기존의 법제를 그대로 따랐을 경우보다 훨씬 신속하게 처리할 수 있게 되어 있다. 이에 따라서 다나하르타를 통한 부실채권정리의 효과성은 매우 높아지게 되었다.

말레이시아의 부실채권정리를 위한 특별법제는 정부의 영향력, 대상 채권의 범위 및 절차의 차이 등의 관점에서 다른 나라의 제도와 비교할 수 있을 것 같다.[6]

우선 정부의 영향력 측면에서 볼 때, 말레이시아에 있어서 정부 또는 중앙은행의 금융기관 부실채권정리에 대한 영향력은 매우 강했다. 이는 그간 부실채권정리를 위한 금융기관 간 협의에 대한 경험이 적었으며, 부실채권정리를 위한 효율적인 공적 기구가 발달하지 않아서 금융위기를 맞은 정부가 강도 높게 개입해야 할 상황이었기 때문일 것이다. 이는 우리의 경우 금융기관 간 합의에 의하여 금융기관 간 자율적 협의가 어느 정도 이루어지고 있었던 것에 대비된다.

다음 정리대상 부실채권의 범위에 있어서 말레이시아의 다나하르타는 채권자의 동의를 얻으면 매입할 수 있는 대상 자산을 선택할 수 있는 권한이 부여되어 있었다.[7] 기업채무조정위원회(CDRC)의 운영에 있어서도 정부나 중앙은행의 역할이 크게 작용했다. 반면 한국의 경우 자산보유자인 금융기관이 스스로 매각 또는 처리대상으로 본 부실채권에 한하여 자산관리공사나 금융기관협의회를 통해 처리되었다. 특히 한국에 있어서 금융기관 협의회의 가동은 신청은행의 채무처리 차원에서 이루어지는 경향이 있었다. 또한 당해 협의대상 부실기업의 협의 금융기관들에 대한 총채무가 당해 기업 총채무의 90% 이상 되어야 하는 조건도 있었다.

다음으로 부실채권의 처리절차에 있어서 말레이시아는 다나하르타 또는 기업채무조정위원회(CDRC)와 같은 공공기관의 개입이 많았다. 한

---

6) Asian Development Bank, Promoting Regional Cooperation in the Development of Insolvency Reform, Issue Paper, Blake Dawson Waldron, Aug. 2002.
7) 다나하르타법 제13조 제1항.

국에서는 한국자산관리공사가 개입하든가, 은행들이 스스로 임명한 '기업구조조정위원회'가 운영되었다.

　말레이시아는 협의의 부실채권정리에 관한 권한 이외에도, 기업의 구조조정에 관한 폭넓은 권한을 부여받는 공적정리기구에 재정자금을 투입함으로써, 부실채권을 신속하고 효과적으로 정리하기 위하여 노력하였다. 부실채권정리를 위한 재원으로는 공적 자금 이외에는, 주로 국내외의 화교자본에 의존하였다. 매각방법으로는 주로 전통적인 매각방식을 사용하였다. 따라서 부실채권에 대한 수요기반을 확충하기 위해 외국의 투자자를 적극적으로 유치하기 위한 노력은 크게 기울이지 않았다. 이러한 정부의 정책추진 결과 말레이시아는 대규모의 부실채권을 신속하게 정리한 것으로 인식되고 있으나, 부실채권정리가격의 적정성, 부실채권정리의 경제전반에 미치는 효과 등에 대한 평가는 좀더 시간을 두고 지켜보아야 할 것 같다. 이러한 관점에서 말레이시아에 있어서도 부실채권정리의 효율성 제고를 위한 정보의 신뢰성 제고, 부실채권정리 전문기관의 확충 및 외국인 투자환경의 조성과 같은 정책적 노력이 요구된다 하겠다.

　그리고 공적정리기구에 의한 부실채권 정리시 자산의 법정취득과 매각에 대한 법적 처리에 있어서 다음과 같은 점을 지적할 수 있겠다. 우리나라의 경우 한국자산관리공사가 은행으로부터 부실자산의 매입시 부실자산의 채무자의 승낙을 생략할 수 있도록 하여 채무자인 부실기업의 문제를 적극적으로 공적기구가 해결할 수 있게 하고 있다. 부실자산의 매각시 통지 송달의 효력발생시기를 발신주의에 의하도록 하여 금융기관에게 일방적으로 우월적 지위를 부여하고 있다.

　다나하르타는 은행권의 무수익 여신자산을 자산보유자와 합의하여 차입자의 동의 없이 매입하여 양도할 수 있는 권한을 가지고 있다. 따라서 은행은 법원의 경매 절차 없이 다나하르타를 통해 부실채권을 정리할 수 있다. 우리나라의 경우 부실자산의 매입시 부실자산의 채무자의

승낙을 생략하는 것과 유사하다. 다나하르타가 취득한 자산을 매각할 때
이를 인수한 자는 법정취득에 의하여 다나하르타가 가지고 있던 권익을
모두 승계하지만, 부실채권의 채무자는 당해 자산의 소유권은 유지하게
된다.

1. 법적 안정성 및 권리보호 측면

부실채권의 매입관련 특례제도는 관련 당사자가 한정되어 있기 때문
에 특례 적용에 있어서 법적 안정성 및 권리보호 문제가 크지 않으나,
부실채권의 매각과 관련한 경매 및 유동화채권의 발행과 관련하여서는
다음과 같은 문제점이 있을 수 있다.

1) 자산관리공사법

(1) 자산의 매입에 있어서의 특례

자산관리공사가 부실자산이나 채권을 매수하는데 있어서 특례에 관
한 규정들은 대부분 매수의 효율성을 제고하는데 있다. 매수에 있어 시
장경제적 원리를 준수함으로써 되도록 많은 자가 응할 수 있도록 하는
것은 부실자산의 매입에 있어 자산관리공사가 차지하는 위치로 볼 때,
그 필요성이 크지는 않다.

제3자의 권익보호나 법적 안정성 측면에서 타당한 특례규정들이다.
다만 지명채권의 양수에 있어 채무자의 승낙을 생략하도록 허용한 것은
채무자의 권익을 침해하는 측면이 있으나, 채무자인 부실기업의 문제를
적극적으로 공적 기구가 해결한다는 목적에 부합하는 것이라 생각된다.

(2) 자산의 매각에 있어서의 특례

가. 부동산의 경매에 있어 통지, 송달의 특례

부실자산의 매각절차에 있어 민사소송법상 통지, 송달의 효력발생시기에 관한 도달주의의 원칙에 대한 예외로서 금융기관에게 일방적으로 우월적 지위를 부여하는 통지·송달의 특례제도는 최근의 금융자율화, 개방화, 국제화 등의 추세와 채무자의 권익보호 필요성 등과 상충하는 측면이 있다.

이러한 문제에도 불구하고, 2001년 말 법개정을 통한 통지·송달의 특례규정은 확대 적용되었다. 즉 적용대상기관을 자산관리공사, 은행, 상호신용금고, 신용보증기금 등에서 예금보험공사 및 정리금융기관, 보험사업자, 여신전문금융회사 등에도 확대한 것이다. 이는 외환위기 이후 기업 등의 도산으로 금융기관의 부실채권이 증가하고 있는 상황에서 부실채권의 조기회수가 원활한 금융구조조정을 위한 주요과제로 대두하였기 때문이다.

특히 보험사업자와 여신전문금융회사의 경우 주소 보정 등으로 인한 경매절차 지연에 따라 업무인력 낭비, 대출채권회수지연 및 이에 따른 경매비용 추가부담 등으로 경영정상화에 상당한 어려움이 초래되고 있었기 때문에, 통지·송달의 특례규정 적용을 강력하게 요청한 것이다.

원활한 금융구조조정을 위하여 예금보험공사 및 정리금융기관, 보험사업자, 여신전문금융회사 등을 통지·송달의 특례 적용기관으로 편입하는 한편, 기존에 통지·송달의 특례를 적용받고 있던 은행권, 상호신용금고, 신용보증기금 등도 함께 포함하여 통지·송달의 특례규정을 2년간 한시적으로 적용하려는 것은8) 금융구조조정 과정에서 부실채권정리를 주도적으로 담당하고 있는 부실채권정리기금의 운용기간이 2002.

---

8) 자산관리공사는 정부업무대행 및 부실자산 회수 전문기관이라는 점을 감안하여 시한 제한을 없앴다.

11월에 종료된다는 점을 감안한 것이다.

이는 금융기관과 채무자의 불평등 관계를 조기에 해소함으로써 채무자의 권익보호를 도모할 수 있다는 점에서 타당한 입법조치로 생각된다. 다만 금융구조조정의 완결로 2년 내에 금융기관의 경영정상화, 경쟁력 확보 등이 가능하다고 보기 어려워 2년 경과 후 일반경매절차에 따를 경우에, 부실채권 정리지연으로 인하여 금융기관의 경영정상화 및 경쟁력 확보 등에 장애요인으로 작용할 가능성이 있고, 이미 은행권, 상호신용금고, 신용보증기금 등은 이 법 또는 개별법에 따라 시한 없이 통지·송달의 특례를 인정받고 있다는 점 등을 고려할 때, 특례규정을 2년간 한시적으로 적용하려는 것은 그 기간이 너무 짧다고 생각되므로 동 기간을 다소 연장하는 방안을 검토해 볼 필요가 있다. 이러한 고려를 반영하여 담보권실행을 위한 경매절차에 있어서의 통지 또는 송달 특례적용시한을, 2004. 12. 31까지 경매신청한 건으로 하고 있다.

나. 기타 매각과 관련한 특례

기타 부동산의 처분을 촉진하기 위하여 설정한 제도들은 부실자산 매각의 효율성을 제고하기 위한 것으로 제3자의 권익보호나 법적 안정성 측면에서 타당한 것으로 보인다.

2) 자산유동화법 및 「주택저당채권유동화회사법」

(1) 개 관

법적 안정성 및 제3자의 권익보호측면에서 자산유동화법상 민법에 대한 특례조항과 「주택저당채권유동화회사법」상의 특례조항은 같은 특성을 가지고 있다. 주택저당채권유동화채권은 큰 범주에서 자산유동화채권의 일종임으로, 「주택저당채권유동화회사법」은 자산유동화법과 법적 체계 면에서 매우 유사하기 때문이다. 자산유동화는 특히 우리나라에 있어서 그 기법이 발달하고 성과가 기타 여러 나라에 비해 앞섰던 것으로 평가되고 있다. 우리나라의 경우, IMF와 구제금융 양해각서를 체결한 이 듬해 침체된 국내 채권시장의 활성화와 부실채권의 효율적인 정리를 위 하여 관계당국과 자산관리공사가 주축이 되어 자산유동화증권(ABS) 발 행을[9] 위한 법안준비에 착수하였으며, 마침내 자산관리공사의 의견이 대부분 반영된 법률이 1998년 9월 공포되었다.

자산유동화증권 발행을 통한 성공적인 부실채권 정리를 할 수 있었던 것은, 법제정을 통하여 제반 절차를 통일화, 규격화시켜 발행의 효율성 을 제고하였던 점과 민법상, 세법상 특례를 도입하여 절차의 명확화, 간 결화 및 비용절감 측면 모두에서 인센티브를 부여한 것에서, 그 원인을 찾을 수 있다. 국내 자산유동화법의 대표적인 특례를 간략히 설명하자 면, 채권양도 대항요건에 대한 특례, 저당권등의 취득에 관한 특례, 이와 관련된 등록세, 취득세, 농특세 등의 감면특례가 대표적이다. 아래에서 는 이러한 특례가 갖고 있는 의미를 다시 한번 검토해보고자 한다.

(2) 통지 및 송달에 대한 특례규정

양수인도 양도통지를 할 수 있도록 규정한 것에 대해서는 찬성론과 반대론이 있다. 먼저 반대론의 논거는 채무자는 양수인이 채권을 양도받 았는지 알 수 없기 때문에 양수인으로부터 채권양도통지를 받더라도 양 수인이 실제로 채권을 양도받지 않았다면 이중으로 채무를 변제할 위험 에 빠질 수 있고, 채무자가 이중지급위험을 면하려면 양도인인 채권자에 게 그 사실을 확인한 후에 지급할 수 밖에 없다는 점을 든다.[10]

이에 대하여 찬성론은 채권의 양도인은 일반적으로 채권양도통지를

---

9) 자산관리공사는 1999년 6월 최초로 3,200억원의 ABS를 발행한 이래, 2004년 현재까지 국내 ABS 16건, 해외 ABS 1건 총 17건의 ABS를 발행하였다.
10) 이미현, "자산유동화에관한법률에 대한 고찰", 인권과 정의 제275호, 1999. 7, 133면.

할 이익이 크지 않기 때문에 원칙적으로 양도인 이외에 양수인에게도 채권양도의 통지를 하여도 무방하고, 프랑스민법(1690조 1항), 스위스채무법(167조), 그리스민법(469조) 등 외국의 여러 민법에서도 양도인뿐만 아니라 양수인에게도 통지권을 부여하고 있는 것을 근거로 든다. 더 나아가 채권양도의 통지권자에 혼동을 피하기 위해 민법규정을 개정하여 양수인도 채권양도를 할 수 있도록 개정하는 것이 바람직하다고까지 주장한다.[11]

그런데 실무에서는 양수인이 양도인을 대신하여 채권양도의 통지를 하고 있기 때문에, 논의의 실익은 특별히 없다. 실제 거래에서는 채권양도의 통지를 누가 하느냐의 문제보다는, 실제 채권양도의 통지를 하는데 따른 비용을 절감하는 방안에 더 관심이 쏠려 있다. 주택저당채권의 채무자가 수 만명 이어서 통지비용만도 수 억원에 달하고 통지가 제대로 안되었을 경우 절차가 번잡해지기 때문에, 비용 절감과 절차 간소화 방안이 절실히 요구되고 있다. 대출시점 이전에 채권양도 및 피담보채권 확정에 관한 사전 승인제를 도입하거나, 양도통지를 유동화계획 등록 이전 시점으로 앞당긴다면 발행기간 단축과 채권양도통지에 따른 비용 절감의 효과를 가져올 수 있을 것이다.

(3) 공고에 의한 통지

민법 제113조에서는 공시송달을 하기 위해서는 통지권자가 과실이 없을 것을 요구하는데, 위 조항에서는 통지권자의 과실 여부를 불문하고 공고에 의한 통지를 할 수 있다고 규정하고 있다. 그러나 채권양도에서 통지나 승낙은 채무자의 보호를 위하여 중요한 의미를 갖는데, 「주택저당채권유동화회사법」상의 규정은 너무 쉽게 채무자에 대한 대항요건을 갖출 수 있도록 하였다는 비판을[12] 면하기 어렵다. 공고에 의한 통지가

---

11) 김재형, 주39)의 글, 729면.
12) 위의 글, 730면.

이루어진 후에 채무자가 양도사실을 전혀 모르는 상태에서 채무자가 양도인에게 채무를 변제하더라도 면책되지 않을 수 있고, 공고이후 채권자인 양도인에 대한 상계권, 기타의 항변권을 가질 수 없는데도 이러한 권리를 보유하고 있는 것으로 믿고 거래를 계속할 우려가 있는 등 채무자의 불이익이 예상된다.[13)

(4) 제3자에 대한 대항요건

채권유동화를 위한 채권양도의 경우에는 제3자에 대한 대항요건으로 확정일자 있는 통지를 필요로 하지 않기 때문에 채무자에 대한 채권양도의 통지 또는 채무자의 승낙이 없는 상태에서 「주택저당채권유동화회사법」 제5조 제1항의 규정에 의거하여 금융감독위원회에 주택저당채권의 양도의 등록을 한 경우에는 채권양도를 채무자에게는 대항할 수 없고 제3자에게는 대항할 수 있는 경우도 나올 수 있다.

그리고 채권자가 채권을 이중으로 양도하고 한쪽은 「주택저당채권유동화회사법」 제5조 제1항의 규정에 따라서 금융감독위원회에 주택저당채권의 양도의 등록을 하고 다른 한 쪽은 민법규정에 따른 확정일자 있는 통지 또는 승낙을 하였다면, 그 우열관계는 시간적 선후에 따르는 것이 타당할 것이다.[14)

(5) 저당권취득에 관한 특례

저당권의 취득에 관한 특례에 대해서는 다음과 같은 비판이 있다.[15) 첫째 위 특례는 거래비용을 증가시킨다. 부동산등기제도는 부동산물권에 관한 통일적인 공시를 통하여 권리관계를 명확히 하고 거래안전을

---

13) 박 훈, "주택저당채권담보부증권(MBS)의 법리와 세제", 조세법연구 Ⅶ, 세경사, 2001. 11, 227면.
14) 김재형, 주39)의 글, 733면.
15) 위의 글, 739면.

확보하는데 중요한 역할을 한다. 하나의 물권에 관하여 부동산등기와 금융감독위원회 등록이라는 이중의 공시방법을 정함으로써 양자를 확인하는데 드는 비용 등 거래비용이 증가한다. 둘째 부동산등기는 법원등기소 관할에 속하고 자산양도등록은 금융감독위원회에 해야 하기 때문에 공시제도의 집중과 통일에도 반한다. 셋째 이중양도로 인한 폐해가 발생할 우려가 있다. 주택저당채권을 채권유동화회사에 양도하고 이를 금융감독위원회에 등록하고, 다시 이 채권을 제3자에게 양도할 수도 있는 것이다.

채권유동화회사가 저당권이전의 부기등기 없이도 금융감독위원회에 주택저당채권 양도등록만으로 저당권을 취득할 수 있게 됨으로써 채권유동화회사의 저당권이전절차에 따른 시간과 비용이 줄어들기는 하였지만, 다른 한편으로 거래관계자가 등기만 가지고는 부동산에 대한 물권관계를 알 수 없어 금융감독위원회 등록여부를 확인해야 된다는 점에서, 위 특례로 거래관계자 측면에서는 추가비용이 발생하게 된다. 따라서 위 특례의 도입은 사회 전체적으로 비용이 늘어났는가 줄어들었는가 하는 것은 이론적으로 단언하기는 어렵고 실증적으로 검토해 볼 문제이다.

2. 정리의 효율성 제고를 위한 기반 정비의 필요성

부실채권을 효과적으로 정리하기 위해서는 법제도의 개정만으로는 부족하다. 운영과정상의 애로를 해소하기 위한 정책적 조치가 병행되어야 한다.

우리나라 경제의 현 상황에서 부실채권이 향후 상업적 유통시장에서 어떻게 매각되느냐가 지속적인 경제성장의 성공여부를 결정하는 주요 요인이라고 할 수 있다. 이를 위해서는 부실채권시장의 발달과 민간 부실채권처리 전문기관이 활성화되어야 할 것이다.

1) 정보의 신뢰성 제고

부실채권은 고수익을 제공하는 매력적인 투자수단인 반면, 내재된 위험이 매우 크며, 이와 관련된 정보가 제한적이므로 고도의 투자기법과 정보처리 능력이 필요하다. 그러나 부실자산의 거래 경험 부족과 구조조정기구의 미발달로 우리나라의 부실채권 처리 여건은 여전히 취약한 실정이다. 또한 공급이 수요를 초과하는 상황으로 부실채권 가격이 내재가치에 대비하여 현저하게 저평가되고 있으므로, 이를 해소하기 위하여 신규수요를 창출하여 가치를 제고해야 할 필요가 있다.

2) 부실채권처리 전문기관의 확충

부실채권은 정상적인 자산에 비해 가치평가가 어렵고 정교한 관리과정을 통해 처리되어야 하는 자산이므로, 정상적인 자산거래 시장에서 유통되기가 어렵다. 따라서 부실채권을 전문적으로 처리하는 전담기관이 탄생되었는데, 민간부문의 부실채권처리 전담기관은 미국, 독일, 영국 등 금융시장이 발달된 일부 선진국에서 자산관리 및 투자회사의 형태로 존재한다.

부실채권시장은 보유 부실채권을 처분하려는 공급자, 거래를 성사시키는 역할을 수행하는 전문중개기관, 최종수요자인 기관이나 개인투자자로 구성된다. 우리나라 부실채권시장에서 거래를 성사시키는 역할을 수행하는 전문중개기관과 최종수요자인 기관이나 개인투자자의 역할은 대부분 메릴린치, 골드만삭스 등 미국계 투자기관에서 담당하고 있다. 따라서 금융시장이 발달된 선진국의 부실채권정리와 달리 우리나라의 부실채권 정리는 상업적 동기에 의한 투명성, 전문성, 독립성이 유지되지 못하고 있으며, 부실채권 가치 산정 시에도 공정시장 가격이 적용되지 못하고 있다.

3) 투자환경의 조성

한편 부실채권의 최종 수요자인 투자자뿐만 아니라 전문중개기관의 측면에서도, 해외 부실채권시장에의 진출[16]은 지니고 있는 역량과 진출하고자 하는 지역의 투자환경 등의 조건을 종합적으로 고려하여 결정한다. 진출지역 투자환경의 적합성을 결정하는 기준은 수익성과 안전성이며, 이러한 요소를 뒷받침하는 것이 외국인 투자를 보호하는 법적 인프라와 외국인 투자에 대한 조세감면의 제도적 유인이다. 또한 금융 및 자본시장의 높은 유동성뿐 아니라, 위험을 예측하고 효율적으로 거래할 수 있는 증권시장의 하부구조가 전제되어야 한다. 즉 인수자산의 유동성을 높일 수 있는 금융기법, 전문적 자산관리 능력을 가진 인적자본, 효율적인 정보 및 관리체계, 효과적인 기업의 분할, 합병, 재편, 퇴출에 관한 법과 제도, 탈규제, 기업공시제도, 높은 회계수준 등 투자자를 보호하는 법과 제도 등이 뒷받침되어야 한다. 이와 같은 투자자 유인조건에 있어서도 우리나라는 그 인프라가 미흡한 상태이다.

V. 법제정비 필요성

부실채권정리제도는 각국이 처한 역사적 제도 및 경제적 상황에 따라 각각 고유한 형태로 발달하여 왔다. 이는 부실기업의 정리를 원활히 하고 금융기관의 부실채권 정리를 지원함으로써 기업의 구조조정과 금융시장의 안정에 기여하는 역할을 하여 온 것이다.

이러한 제도는 무릇 자본 및 금융시장이 개방된 현대사회에서는 부실기업시장 또는 부실채권시장에서 시장이 기능을 원활히 할 수 있도록

---

16) 국외부실자산 투자에 대한 공사법 개정안이 2005. 6. 29일 국회 본회의 통과에 따라 2006년 2월부터 한국자산관리공사의 국외부실자산에 대한 투자가 가능함.

지원하는데 효과적으로 작용하여야 한다. 즉 시장의 효율성을 제고하는데 기여하여야 한다. 특히 우리나라 등 아직 금융 산업의 발전이 뒤떨어져 있거나 자본의 축적이 취약한 나라에서는 부실기업이나 부실채권의 수요자를 발굴하고 당해 기업이나 채권을 적절한 가격에17) 신속히 매각하기 위하여 국제 금융자본이 용이하게 접근할 수 있는 시장을 조성하여야 한다.

이러한 시장의 조성에 있어서는 각국의 부실채권정리에 관한 법제가 매우 중요한 역할을 한다. 각국의 법제가 국제금융자본의 논리에 익숙한 것이 되어야 하는 것은 이 때문이다. 이러한 관점에서 볼 때 부실채권정리제도는 협의의 것을 넘어 광의의 것 즉 기업구조조정제도로 변화시킬 필요가 있는 것이다. 다음 장에서 논하는 바와 같이 최근 도산법의 통일 운동이 일어나고 있는 것은 이러한 관점에서 시사하는 바가 매우 크다. 즉 부실채권정리법제의 국제적인 표준화가 매우 중요한 역할을 할 수 있다.

부실채권정리법제의 국제표준화를 고려할 때 간과할 수 없는 것은 표

---

17) 한보철강 처리 문제는 부도 기업이 시간이 경과됨에 따라 기업 가치가 급감하는 것을 보여주는 대표적인 사례이다. 한보철강은 1997년 초 부도 발생 이후 포항제철·동국제강이 2조원에 인수할 것을 제시하였으나 채권단은 당시 회계법인이 평가한 자산가치가 4조 9천억원임을 내세워 인수 협상이 결렬된 바 있다. 1999년 동국제강이 1조 7백억원에 단독 인수를 제시하였으나 결렬되었고, 2000년 3월 미국의 네이버스 컨소시움이 6천억원(4억 8천만 달러)에 인수를 제시하여 매각 본 계약을 체결하였으나 2000년 10월 결렬되어 인수계약을 해지한 바 있다. 2001년 11월 채권자인 자산관리공사는 국제입찰을 실시하여 AK 캐피탈을 낙찰예정자로 선정하여 2003년 2월 AK캐피탈과 한보철강 인수를 위한 본 계약을 체결하였는데 매각대금은 3억7천7백만 달러(4천4백억원 수준)로 포항제철·동국제강이 제시한 가격의 1/5수준으로 하락하였으며 네이버 컨소시움과 합의한 매각가격보다 약 1억불 가량 하락 한 바 있다. 한국경제신문, "한보철강 이번에는 팔릴까 AK캐피탈 낙찰예정자 선정", 2001. 12. 5, 11면 및 한국경제신문, "한보철강 해외에 팔렸다", 2003. 2. 13, A3면 참조.

준화할 법제는 어떤 것으로 하여야 하는가 하는 점이다. 즉 각 주권국이 자국의 제도를 설계함에 있어 자국의 특수한 사정을 어느 정도 반영하여야 하는가 하는 문제가 남는 것이다. 예를 들어, 국제적인 통일기준이라 하여 영미의 법제만을 반영한다면 각국의 현실에 부합하지 않는 경우가 많이 발생할 것이기 때문이다.

이러한 관점에서 특정 부실채권 정리 법제를 국제적으로 표준화하는 것은 단시일에 가능한 용이한 작업은 아닐 것이다. 각국의 부실채권시장의 발전단계와 전통적인 법제에 따라 적절한 외국의 사례를 도입하여 자국의 법제에 접목하는 점진적인 방법을 추구할 때, 국제적인 공통규율의 범주가 그 외연을 넓혀갈 수 있을 것이다.

이는 두 가지의 관점에서 접근할 수 있을 것이다. 우선 공적정리기구의 설계와 같이 부실채권정리제도의 큰 틀을 구성하는데 있어서는 각국이 자국의 사정을 감안하여 적절한 모델을 적용할 수 있을 것이다. 예를 들어, 말레이시아의 경우 공적정리기구인 다나하르타는 매우 강력한 권한을 가지고 있으며 특별행정을 통하여 기업의 가치를 제고하는 과정을 거치도록 하고 있다. 분명히 이러한 제도를 도입하여 시행하는 것이 자국의 형편에 가장 적절한 국가가 있을 것이다. 또한 미국과 같은 소규모의 금융기관이 많은 국가로서 금융시장의 저변이 넓은 국가에서는 미국의 사례를 모방할 수 있을 것이다. 물론 이러한 과정에서도 각국은 서로에게서 배움으로써 제도의 공통점을 늘리는 효과를 기대할 수 있을 것이다.

이와 다른 차원에서 각국의 부실채권정리제도의 법적인 틀을 이루는 채권채무의 이전, 담보부동산에 대한 권리변경 등에 있어서는 보다 더 넓은 지역에서 제도의 통일성을 추구할 수 있을 것이다. 비단 공적정리기구의 채권매입과 채권매각의 과정에 있어서의 권리의무관계뿐만 아니라, 채권금융기관과 부실기업간의 채무조정이나 기업회생에 관한 절차를 통일해 나가는데 있어서 이러한 국제적인 표준화는 각국의 기업의 구조조정에 있어 매우 큰 역할을 할 것으로 기대된다. Global 또는 Regional Standard에 맞는 법과 제도는 개방된 자본시장을 토대로 부실기업과 부실채권의 정리를 원활히 할 것이기 때문이다. 특히 우리나라뿐만 아니라 자본축적이 적고 금융시장의 발전이 미진한 나라에서는 기업규모에 비해 금융기관이 왜소하여 다수의 채권자간 채권결집능력이 취약하여 부실정리에 대해 신속한 의사결정을 하지 못할 뿐만 아니라, 법과 제도가 비효율적으로 구성되어 있어서 외국의 자본이 접근하기 더욱 곤란하고, 설사 외국자본이 도입되는 경우에도 제 값을 받고 매각되기 어려운 구조로 되어 있는 점을 감안할 때, 부실채권과 부실기업의 정리에 관한 법제가 국제적으로 표준화되어 갈 때 기대할 수 있는 긍정적인 경제효과는 매우 크다고 할 것이다.

제4장 부실채권 정리의 국제표준화

제1절 국제표준화의 기본방향과 대상

I. 국제 표준화의 필요성

금융은 경제를 인체에 비유할 때 혈액과 같다고 한다. 금융이 부실하게 되면, 경제에도 동맥경화가 발생한다. 무릇 경제가 글로벌화해지면서, 각국의 경제에 있어 금융도 글로벌화 되어 가고 있다. 이에 따라 어떤 나라의 금융 부실은 이웃나라의 부실로 이어지는 동시화현상이 나타나고 있다. 이러한 점을 감안할 때, 세계경제전체의 금융구조의 건실화를 위한 방안의 모색은 매우 시의 적절한 것이라고 보아야 한다.

이러한 관점에서 지금까지 우리나라와 외국의 부실채권정리제도의 현황과 문제점에 대해 살펴보았으며, 이에 기초하여 효과적인 부실채권 정리를 위해서는 부실채권시장에의 참여자 입장에서 개선방안을 모색하는 것이 중요하다는 결론에 이르렀다.

이를 위해서는 부실채권정리가 현안 과제로 대두된 개별 국가가, 이 문제를 이미 경험하였거나 성공적으로 처리한 국가의 제도를 도입할 수도 있을 것이다. 그러나 그것보다는 국제적인 협력을 통해 성공적인 법제(legal regime) 및 업무처리 관행(best practices)을 여러 나라에 적극 확대함으로써 부실채권시장을 육성하는 것이 각국의 경제, 나아가서는 세계경제의 안정적인 성장에 도움이 될 것으로 생각한다.

이는 이미 세계경제의 글로벌화로 인하여 어떤 국가도 관련국의 금융시스템 불안으로부터 자국의 경제 및 금융시스템이 자유로울 수 없는 상황인 점을 감안할 때, 부실채권의 효과적인 정리는 일부 국가의 문제가 아니며, 세계 모든 나라의 과제라 할 수 있기 때문이다.

물론 국제통화가치체계의 안정, 국제적 자금이동에 대한 규제의 완화 및 국제적 이중과세의 조정 등으로 국제자본의 원활한 이동을 위한 환경적 요인이 개선된다면, 외국투자자본의 유치로 부실채권이 보다 더 효과적으로 정리될 수 있을 것이지만, 본 논문에서는 부실채권의 정리에 고유한 제도적 개선방안을 모색하는 데 주안점을 두고자 한다.

II. 기본 방향

부실채권정리관련 법제의 국제 표준화는 다음의 두 가지 방향에서 모색할 수 있을 것이다.

첫째는 자국의 부실채권정리에 있어서 성공적 성과를 거둔 국가의 제도와 경험을 공유하도록 하는 방법이다. 이는 앞에서 성공한 사례로서 소개한 바 있는 국가의 제도를 국제 모델화하여 러시아와 중국과 같은 체제전환국이나 일본과 같이 부실채권정리법제의 도입에 소극적인 국가에 전파하도록 하는 것이다.

둘째는 국제금융 및 자금시장에 있어 부실채권에 대한 투자여건을 개선하는 방법이다. 국내외의 투자자가 부실채권, 부실자산 또는 그를 기초로 판매하는 금융상품을 매력적인 투자대상으로 보기 위해서는 다른 투자대상과 견주어 수익성, 안정성 및 유동성 등 종합적인 면에서 손색이 없어야 한다. 그러나 부실채권은 그 속성상 범위의 설정, 정부개입의 정도 및 자본의 유·출입에 대한 규제 등에 있어서 나라마다 상이한 제도 하에 있기 때문에, 외국투자자가 시장에 참여하는데 적지 않은 애로가 있다. 이러한 사정은 특히 누적된 부실채권으로 국내 민간 및 공적 자본에만 의존해서는 신속하고 효과적인 부실채권의 정리를 기대할 수 없는 국가에서 더욱 더 절실한 문제가 된다. 이들은 신흥시장경제국가, 체제전환국 등 주로 금융산업의 발전이 상대적으로 더딘 국가들뿐만 아니라 그간 금융위기를 겪었던 한국, 일본 등이라 할 수 있겠다.

이들 나라에 있어서도 미국을 비롯한 서구 자본이 자국내 부실채권시장에 적극 참여하도록 함으로써, 공정한 경쟁 하에 적정한 가격으로 부실채권을 인수해갈 수 있도록 하는 제도적 정비가 요청되고 있다. 이는 외국의 많은 투자자들에게 정확한 정보가 전달되도록 함과 동시에 이들이 기대할 수 있는 수익을 실현할 수 있도록 투자자가 이해하고 접근하기 용이한 법적·제도적 장치를 마련하는 일일 것이다.

부실채권시장의 외연 확대에 대한 요청과 더불어 고려하지 않을 수 없는 것은 부실채권의 정리에 관한 법제는 각국의 금융제도를 기초로 하여 발달한 국내법적인 분야라는 점이다. 각국의 정부는 국가주권을 기초로 금융시스템을 자국에 고유한 여건을 감안하여 발전시켜 온 것이다. 따라서 부실채권 관련 법제의 국제표준화를 추진해 나가는 과정에서 각국의 고유한 규제를 인정하는 문제와 어떻게 조화할 것인가 하는 과제가 나타나게 된다. 이러한 점에서 WTO의 GATS 금융부속서는 시사하는 바가 크다. UR 협상 당시 작성된 GATS 금융부속서는 금융서비스분야의[1] 시장개방에 대해 규정하면서 각국의 '자산건전성을 제고하는 조치

---

1) 금융서비스분야에는 금융상품의 매매 및 위탁매매, 자산관리, 금융자산의 결제·청산관리 및 자문·중개·기타 보조적 금융서비스 등 부실채권의 정리와 관련된 금융서비스가 대체로 모두 포함되어 있어 금융시스템의 일부로서 부실채권정리제도에 관한 WTO의 입장은 각국의 독자적인 규제가 필

(measures for prudential reasons)'는 정당한 금융감독규제로 허용된다고 하고 있다. 이로써 각국은 서로 상이한 금융규제의 존재를 명시적으로 인정하고 있다.

국가간 상이한 금융 규제의 조화를 위한 현실적 방안으로는 각국 정부가 상대국 정부의 규제를 일방적으로 인정하는 것뿐만 아니라, 양자간 협의 또는 다자간 협의를 통해 상호 인정하는 등 국제적인 협력이 매우 긴요한 것이다.

국제적인 협력을 통한 금융규제의 조화와 선진금융제도의 확산에는 상호정보의 교환, 제도의 소개와 같은 기초적인 협력을 추구하는 방안, 기존의 국제기구를 통한 규범을 채택하는 방안, 모델법령을 전파하는 방안, 별도의 기구 조성을 통해 기준을 정비하고 필요시 재원을 조성하여 상호 지원하는 방안 등 다양한 대안들을 생각할 수 있다.

III. 국제표준화 대상

본 절에서는 부실채권정리제도를 부실채권시장에의 참여자를 기준으로 분류하여 각 부문별로 국제표준화의 가능성에 대해 논한다. 부실채권시장에의 참여자는 크게 공급자, 수요자 및 전문중개기관으로 구분할 수 있다.

공급자는 부실채권을 보유하고 있는 금융기관 및 당해 금융기관으로부터 부실채권을 매입하여 이를 정리하는 공적인 기구를 들 수 있다. 수요자, 즉 투자자는 자본주로서 국내외 개인 및 기관과 시장에서 중계적인 기능을 수행하는 자산유동화회사, 부동산투자회사, 기업구조조정전문회사 및 기업구조조정투자회사 등을 말한다. 전문중개기관으로서는 증권의 인수·매각업무를 담당하는 증권회사, 재무자문 등을 수행하는

요하며 이를 인정한다는 것임을 알 수 있다.

컨설팅법인 및 회계법인, 신용평가사 그리고 법률자문을 하는 법무법인 등 개별 시장에서 공급자와 수요자간 거래의 성립을 지원하는 역할을 수행하는 자를 말한다.

1. 공급자 측면

부실채권은 당해 채권의 보유자가 공급한다. 채권의 보유자는 채권을 실현하기 위해 만기까지 기다리거나 압류, 경매 등의 채권확보절차를 밟을 수도 있으나, 이를 일반투자자에 공급함으로써 원채무자에 대해서는 당장의 채권확보절차를 지연시킴으로써 기업개선의 기회를 주고, 당해 부실채권의 보유기관에는 자금순환을 용이하게 하며, 일반 투자자에게는 투자대상을 마련해주는 여러 가지 효과를 기대할 수 있다. 이러한 과정에서 가장 중요한 것은 당해 부실채권의 원채무자가 원채무를 실제로 갚을 수 있는가이다. 이에 대한 올바른 정보의 생산과 보급을 위해서는 기업회계 및 기업신용평가제도가 잘 정비되어 있어야 할 것이다. 본 논문에서는 원채무자로서의 기업을 부실채권의 공급자의 범주에서 배제하고, 부실채권의 보유자로서 개별금융기관이나 공적 부실채권정리기구를 공급자로 한정하기로 한다. 부실채권을 공급하는 개별 금융기관 및 공적 부실채권정리기구 그리고 이들 기관의 설립과 운영에 대한 규제업무를 담당하는 정부가 부실채권의 공급자적인 지위에 있다고 볼 수 있다.

1) 부실채권 분류기준

우선 개별 금융기관은 자기가 가지고 있는 채권의 부실여부를 판단하고 이를 다양한 경로를 통하여 처분하고 있다. 여러 처분경로 중의 하나인 공적정리기구는 금융기관으로부터 부실채권을 인수하여 이를 다시 처분하는 기능을 수행하고 있다. 이 과정에서 금융기관과 공적기구는 국가별로 정해진 기준에 따라 부실채권여부를 스스로 판정하고 정리작업을 개시하고 있다.

개별 금융기관 및 공적 정리기구는 이러한 부실채권을 유동화증권의 발행, 국제입찰, 개별정리, 합작회사 설립 등의 방법으로 매각한다.

이러한 과정을 거쳐 시장에서 판매되는 각종 부실채권 또는 부실자산에 대하여 투자자는 미래현금흐름을 중시하게 된다. 미래현금흐름의 예측을 위하여 투자자들은 자산 및 채권의 부실화정도, 보증 등을 통한 신용의 보강정도, 장래 예상환율 및 투자수익의 송금가능성, 장래 발생할 수 있는 법적 분쟁의 해결을 위한 해당 국가의 사법제도의 안정성 등을 고려한다.

이와 같은 예측을 통하여 적정한 가격이 시장에서 형성되게 하기 위하여, 다음과 같은 규범의 확립이 요청된다. 우선 은행, 공적기구 및 정부간 안정적 관계의 정립이 필요하다. 이를 위하여 은행의 자율적 운영, 공적기구의 효율성과 신뢰성의 확보가 긴요하다.

다음은 상품으로서 시장에 나오게 되는 부실채권 및 부실자산과 그를 기초로 한 증권의 가치를 가늠할 수 있는 기준의 정립이 필요하다. 이를 위해서는 부실채권분류기준을 국제기준에 통일시키는 노력과 함께 이에 대한 심사체계 확립이 필요하다. 더 나아가서는 기업 및 금융회계기준을 국제적 일반회계원칙에 근접시키는 노력이 요청된다.

부실채권 매각을 위한 방법별로 공급자 측면에서 국제표준화를 모색할 수 있는 분야는 다음과 같다. 유동화증권의 발행, 국제입찰, 개별정리, 그리고 합작회사의 설립 등이다.

2) 유동화증권의 발행

증권화된 부실채권을 자산유동화증권의 형태로 국제적으로 발행하고 유통시킬 수 있다면 부실채권의 정리는 보다 활성화될 것이다. 국내적으로 보면, 유가증권의 발행과 유통에 있어서는 투자자 보호 등을 위해 발행요건 및 한도를 설정하고 소정의 등록 또는 공시를 의무화하고 있다. 유가증권의 하나로서 자산유동화증권에 대해서는 자산유동화법에 의하여 요건과 절차를 엄격히 규제하고 있다(동법 3조, 9조 및 37조).

그러나 우리나라의 경험에 비추어 볼 때, 자산유동화증권발행을 통한 부실채권의 정리는 전체적으로 보아 매각이익을 남기지 못하고 있으며, 외국자본의 유치에 활용된 사례가[2] 많지 않다.

자산유동화증권제도는 각 나라마다 제도의 구체적 내용에는 다소 차이가 있으나 미국, 말레이시아, 일본, 태국, 인도네시아 등지에서 도입되어 있으며 여러 나라로 그 보급이 확산되고 있다. 이러한 점을 감안할 때, 외국인투자자에게 매력적인 투자대상이 되기 위해서는 신용등급의 평가와 신용의 보강에 있어서 외국인의 이해를 최대한 끌어내는 제도적 장치를 마련하는 일이 중요하다. 신용등급평가의 국제화 및 신용보강제도의 발전은 우리나라의 투자자가 외국에서 발행된 자산유동화증권에 적극 투자할 수 있도록 하는 길이 될 수도 있다. 이와 더불어 유동화자산으로서의 채권을 양수받는 유동화전문회사 등이 당해 채권에 대한 권리를 완전하게 행사할 수 있도록 하는 장치 등[3] 법적 장치가 확보되어야 할 것이다. 장기적인 관점에서 보면, 등록 또는 공시된 정보에 대한 국제적 신뢰도가 증가할 경우 증권화된 부실채권이 기존 각국의 유가증권시장에 상장될 수도 있을 것이다.[4] 이렇게 될 경우 상장된 유가증권으로서 자산유동화증권은 원부실채권의 채무자의 기업경영개선 또는 시장이자율의 변화에 따른 채권가치 변화 등 일반 채권으로서의 특징을 누릴 수 있게 되어 투자대상으로서의 가치가 더욱 향상될 것이다.

---

2) 외국자본을 유치한 경우는 원부실채권이 외화표시채권으로서 환매청구권이 있는 것이었다.
3) 자산유동화법 제7조, 제7조의 2 및 제8조가 이러한 의미를 갖는다.
4) 자산관리공사 발행 자산유동화증권 중 공모를 위해 Luxemburg Stock Exchange에 상장된 것이 있다.

3) 국제입찰

국제입찰방식은 우리나라 뿐 아니라 미국, 태국, 인도네시아에서 활용된 사례가 있는 방식으로서 경쟁방식을 통한 매각으로 부실채권의 가치를 최대한 실현시킬 수 있으며, 접촉해야 할 외국투자자가 소수인 점을 감안할 때 당해 부실채권 가치를 적극 알릴 수 있는 장점이 있다.

국제표준화를 추진해야 할 대상으로는 국제입찰에 있어 응찰비용을 최소화하도록 그 절차를 표준화하고, 자산의 실사에 따르는 비용을 줄일 수 있도록 부실채권 보유기관의 부실채권 매입시 활용한 정보가 제공되어야 한다는 점이다. 이로써 입찰대상 저변이 확대되고 외국 대형투자기관의 과점적 행태가 완화될 수 있을 것으로 기대된다.

4) 개별정리

개별정리의 방법으로는 기업의 제3자 인수(Merger and Acquisition) 및 기업채권 개별매각(Individual Corporate Loan Sale)의 방법 등이 있다. 이는 미국, 태국, 인도네시아, 북구3국 등 거의 모든 국가에서 일반적으로 활용하는 방법이다. 각국의 기존의 법제도를 이용하여 가능한 방법으로서 전통적인 법제의 영향을 많이 받는 분야이다.

기업의 제3자 인수(M&A)는 부실채권 보유기관이 당해 부실기업의 최대채권자의 자격으로 이를 제3자에 매각하는 방법으로 채권을 회수하는 것을 말한다. 이는 일반적인 인수합병에 관한 분야에 해당하며, 본 논문의 연구대상에서는 제외하기로 한다.

기업채권 개별매각은 국제입찰에서와 같이 채권을 pooling하지 않고 부실채권을 개별 기업단위로 공개경쟁입찰을 실시하는 방법에 의하여 매각하는 것을 말한다. 국제표준화를 추진해야 할 대상은 위의 국제입찰에 있어서와 같다.

광의의 부실채권에 포함되는 부실기업의 부동산 또는 담보물건으로서의 부동산을 보유기관의 자체경매 또는 법원경매 등의 방식으로 정리할 수 있으며, 이에 대하여 외국의 투자가가 응찰할 수 있다. 특히 각국의 부동산관련제도가 외국인의 부동산취득을 허용하는 추세이기 때문에, 부동산관련 물권과 채권 등의 권리의무관계가 명료하게 공시되도록 제도를 정비할 필요가 있다. 그러나 부동산에 관한 법제는 각국의 오랜 전통을 배경으로 하는 것이기 때문에, 국제표준화를 도모하기 용이하지 않다. 다만 부실기업 소유 또는 부실채권담보 부동산을 담보로 하는 자산유동화증권을 국제적으로 유통시키는 방법을 고안할 수 있을 것이다.

5) 합작회사 설립

부실채권 보유기관과 외국의 전문투자기관이 합작하여 자산관리회사(AMC), 기업구조조정전문회사(CRC) 또는 기업구조조정투자회사(CRV) 등을 설립하는 방법이다.

(1) 자산관리회사(AMC)

외국의 투자기관이 부실채권보유기관과 함께 유동화전문회사를 설립하면서 이를 운용할 자산관리회사도 합작하여 설립하는 경우 당해 외국투자기관이 스스로의 책임 하에 자산을 운용할 수 있는 이점 때문에, 부실채권의 인수가격이 높아질 수 있게 된다. 이는 자산운용능력이 있는 외국의 거대자본의 참여가 기대되는 분야로서 국제화가 요청되는 분야는 역시 유동화증권의 발행에 관한 사항이다.

(2) 기업구조조정전문회사(CRC)와 기업구조조정투자회사(CRV)

기업인수, 경영정상화 및 매각을 전문으로 하는 기업구조조정전문회사를 부실채권 보유기관과 외국의 투자기관이 합작하여 설립하는 경우 자산관리회사의 경우와 같이 외국투자기관의 노하우와 자본을 동시에 활용할 수 있는 장점이 있다. 역시 현재 유수한 외국의 투자자본이 참여하는 분야로서 일반적인 구조조정관련법제의 국제화가 요청되는 분야이다. 그러나 기업구조조정투자회사(CRV)의 경우 시장에서의 수용 가능성 등 현실적으로 가능할 수 있는 기법을 개발해야 할 필요가 있다.

2. 투자자(수요자) 측면

부실채권의 수요자 즉 투자자는 거래의 방식과 단계별로 다양하게 구성되어 있다. 현실적으로 최종적인 자금의 공급원은 국내외 금융기관 또는 펀드인 경우가 대부분이다. 공급자가 이들과 직접 거래하기도 하고 각종 중간수요자와 거래하고 이들이 다시 최종수요자들을 모집하기도 한다.

이러한 중간수요자 역할을 하는 조직은 시장메카니즘에 따라 움직이는 사적인 회사들이다. 우리나라의 경우 이와 같은 기능을 하는 조직은 유동화전문회사, 기업구조조정전문회사 및 기업구조조정조합[5] 등이다.

기업구조조정증권투자회사[6] 및 기업구조조정부동산투자회사[7]는 부

---

5) 기업구조조정회사와 그 이외의 자가 조직한 것으로서 구조조정대상기업에 대한 투자를 위한 조합을 말한다.

6) 기업구조조정 증권투자회사는 증권투자회사법 제78조 제1항 및 제36조의 요건을 충족하는 회사를 말한다. 기업이 구조조정을 하는 과정에서는 많은 자금이 필요하며 경우에 따라서는 악성부채를 조기에 상환할 필요가 있고 계열사나 사업부분을 매각하고자 할 때에도 관련부채를 정리해야 할 필요성이 있다. 이러한 경우에 당해 기업에 필요한 자금을 다양한 방법으로 공급하는 기능을 수행하는 것으로서 상기의 요건을 충족하는 회사가 기업구조조정 증권투자회사이다.

7) 기업구조조정 부동산투자회사는 총자산의 70%이상이 기업의 구조조정과 관련된 부동산에 투자하는 부동산투자회사의 한 유형이다. 기업의 구조조정과 관련된 부동산이라 함은 기업이 채권금융기관에 대한 부채등 채무를 상환하기 위해 매각하는 부동산, 채권금융기관과 재무구조개선을 위한 약정을 체결하고 매각하는 부동산 등을 말한다. 기업구조조정부동산투자회사

실채권 보유기관의 채권을 매각하는 기능보다는 투자자의 자금을 모아 직접 부실기업에 자금을 공급하는 기능을 수행하지만, 경제적으로는 일반 투자자의 자금을 부실기업의 정상화에 활용하는 중간매개체의 역할을 한다는 점에서 자산유동화회사 등과 공통점을 가지고 있다.

이와 같은 중간수요자 조직은 우리나라에 고유한 것은 아니며 각국이 자국민의 투자자금을 효과적으로 동원하기 위하여 창안해 낸 제도와 상호 공통적인 점을 가지고 있다. 대부분의 경우 투자 위험이 높은 점을 감안하여 세제상의 혜택을 부여하고 있으며, 일반 상사법인의 출자 및 채무부담 등에 있어 특례를 인정하고 있다.

실제에 있어 이러한 투자회사에 참여하는 개인이나 기관은 대부분 내국인으로서 투자의 저변이 그리 넓지 못하다. 이는 부실기업에 대한 투자가 기본적으로 고위험적인 요소를 가지고 있기 때문이다. 그러나 외국의 자본시장에서 vulture fund나 junk bond market, high yield fund[8] 등이 확산되고 있는 점을 감안할 때, 각국의 제도가 이러한 구조조정시장에 상호 외국인의 투자를 확대하는 방향으로 개선되는 것이 바람직하다고 볼 수 있다.

최종 수요자가 외국자본일 경우 이들의 국내투자에 걸림돌이 되는 각종 규제의 완화가 또한 주요 이슈가 될 수 있다. 예를 들면, 외국환거래에 대한 규제를 완화하고 외환시장의 안정성 확보를 위해 제도를 정비하는 것 등이 그 과제중의 하나라 할 수 있다. 한편 부실채권 시장에는 투기적 요소가 많이 개재되어 있어 국제투기적 자금의 유입에 의한 시장의 지배가 우려되는 측면이 있으므로, 이를 방지하기 위한 보완책이 병행되어야 할 것이다. 앞으로 본 서에서는 일반적인 외국환거래의 규제 완화 및 외환시장의 안정성 확보에 대한 논의는 배제하기로 한다.

는 회사설립과 해산을 용이하게 하기 위하여 페이퍼 컴퍼니로 운영된다.

8) 우리나라에서는 투기적 등급 이하의 채권 또는 어음((BB+이하 B-이상 채권 및 B+이하 B-이상 기업어음)에 투자하는 신탁으로부터의 이익은 조세특례제한법 제87조의 2의 규정에 의하여 전액을 비과세한다.

한편 수요자들은 상호 공정한 경쟁의 원칙에 따라 시장에 참여하는 것이 기대되고 있다. 이들간의 상호 담합이나 불공정한 정보의 유포 등을 규제하는 독점규제법의 역할도 기대된다. 이를 위해서는 기본적으로 개별매각의 방법보다는 증권화를 통해 다수 투자자의 참여를 유도하는 장기적 노력이 필요하다.

3. 전문중개기관 측면

일반적으로 시장에서 전문중개기관은 거래의 직접적인 당사자는 아니지만 거래의 성립을 지원하는 서비스를 제공한다. 전문중개기관의 경우 자기의 책임 하에 직접 인수하고 매각하는 업무를 맡기도 한다. 부실채권정리시장에서 전문중개기관은 수요자와 공급자를 연결하는 매개의 역할을 한다. 공급자에는 충분한 자금을 가진 수요자를 발굴해주고, 수요자에게는 공급자와 그 상품에 대한 주요 정보를 제공하는 역할을 한다.

우리나라에서는 증권회사, 신용평가사, 컨설팅법인, 회계법인 및 법무법인이 이러한 시장지원적인 역할을 수행하고 있다. 이들은 각각 전문용역을 제공하는 업을 수행하고 있기 때문에, 국가별로 개별적인 규제법이 있기 마련이다. 즉 각국은 각 사업자가 제공하는 용역과 정보를 믿고 투자하는 투자자를 보호하기 위해 업무처리규정 및 윤리규정을 제정하여 운영하고 있으며, 경우에 따라서는 사법적인 책임을 지도록 하고 있다.9) 다만 각 국별로 당해 전문용역사업의 발전 정도와 정부규제의 강도가 상이하여 이를 이용하는 투자자가 신중할 필요가 있다. 규범적인 측면에

---

9) 미국의 공인회계사에 대해서는 Code of Professional Conduct가 적용된다. 미국의 회계사는 이 code의 규정에 따라 객관성과 독립성을 준수하도록 되어 있다. 회계사의 사법적인 책임도 증권법(Securities Act of 1933 및 Securities Exchange Act of 1934) 등에 의해 강화되어 있다.

서 각국이 당해 용역서비스에 대한 규제를 선진화함과 동시에 서비스시장의 개방을 앞당김으로써 양질의 서비스를 제공하도록 하여야 한다.

특히 부실채권의 가치평가는 유동화 등을 통한 부실채권 매각의 일차적 단계로서 이를 그르칠 경우 투자자는 막대한 손실을 볼 가능성이 있다. 상대적으로 불확실성이 높은 부실채권의 미래현금흐름을 예측하거나 해당기업의 신용상태를 평가하는 일은 기본적으로 위험요인이 크므로, 이를 담당하는 회계법인 등이 보험에 가입하도록 하는 것도 장래 발생할지 모르는 분쟁에 대비하는 방법이다. 그러나 현실적으로 보아 보험료는 수익률의 저하를 낳는다. 그렇다고 하여 보험에 가입하지 않는다면, 소송 등을 통해 피해보상을 청구함에 있어서 인과관계 입증의 곤란 등의 문제가 뒤따를 것이다.

4. 한국자산관리공사의 경험

자산관리공사의 경우 부실채권에 대한 정보와 정리 과정에서 투명성 확보를 위한 여러 가지 제도적 보완장치를 함으로서 외국 투자자의 자산관리공사 보유 부실채권 투자에 신뢰를 얻을 수 있었다. 부실채권 업무의 전산화 및 업무처리(business process)의 표준화에 최우선 순위를 두었다.

1) 부실채권 업무처리의 전산화 및 데이터베이스화

자산관리공사는 당시 은행으로부터 수만 건의 부실채권을 인수하고 있었는데 종전의 수작업으로는 인수한 채권관리가 역부족이었다. 예컨대 부실채권의 원인서류는 자산관리공사의 금고에 보관하고 개별 자산의 목록과 관리·매각 상황은 인수 담당자 개개인이 관리하는 식이었으므로 관리 담당자 외에는 해당 자산의 존재 여부와 관리·매각 여부를 아무도 알 수가 없었다. 또 부실자산을 매각하거나 경매에 붙이려고 할 때, 장부 원장과 담당자의 관리 자료에 차이가 나거나 심지어는 자산 자체가 실종되더라도 누구의 책임인지 파악하는 데 엄청난 시간이 소요되곤 했다.

문제는 공기업으로서 기대효과를 확신할 수도 없는 상황에서 무턱대고 전산화에 막대한 비용을 투입할 수 없다는 점이었다. 최고 경영자의 결단으로 전산화를 추진하기로 하였으나 그 다음 문제는 기존 전산화 인력과 새로운 임무를 부여받은 전산팀과의 서로 겉도는 협력 관계였다.

이 같은 우여곡절을 거쳐 추진된 전산화는 부실자산 해외 공개매각 업무가 가속화 되면서 그 효과가 드러나기 시작했다. 매각 때마다 수도 없이 많은 매각 대상 자산을 적절하게 분류할 수 있었고, 이 가운데서도 특히 우량자산을 따로 분류하여 자산유동화증권을 발행하는 데 결정적인 역할을 하게 된 것이다.

또한 매각 대상 자산의 상태와 위치, 관리현황 등 모든 관련 자료를 자세히 입력해서 전산 시스템에 올려놓아 외국인들이 직접 관심이 있는 자산을 확인하고 평가할 수 있게 하였다.[10]

또 다른 성과는 이와 같이 도입된 전산화를 토대로 자산관리공사의 경영을 지식경영(knowledge management)으로[11] 발전시킴으로서 자산관리공사가 경험한 부실채권정리 노하우를 국내뿐만 아니라 다른 나라를 대상으로 전파할 수 있게 되었다는 점이다.

예컨대 자산관리공사로서 가장 중요한 주 업무는 부실채권을 유입하였다가 자산 가치를 높여 일반에 매각하는 공매(公賣)인데 종래에는 공고를 보고 찾아온 원매자가 입찰에 참여하여 낙찰을 받는 방식으로 이루어졌다. 그러나 부실채권의 데이터베이스가 구축되고 나니 공매 방식

---

10) 정재룡·홍은주, 주15)의 책, 51~53면.
11) 캠코의 지식경영 도입의 성공적 사례는 산업자원부와 전국경제인연합회가 2004년 1월 공동 출판한 책자 "사례로 배우는 e비즈니스"의 제12장에서 자세히 소개되었다.

은 인터넷상에서의 온라인 방식으로 바꿀 수 있었다. 이것은 G2B(정부 대 기업의 전자거래)의 출범을 의미하였다. 물론 초기에는 기존의 현장 공매 방식과 새로운 인터넷 방식이 상호 보완적으로 진행되었지만, 궁극적으로는 투명성과 공평성이 보장되는 전자입찰 방식으로 완전히 전환될 것이다. 이와 같이 전자시스템의 구축은 대형 프로젝트이지만 투명성과 효율성 확보라는 측면에서 거스를 수 없는 대세인 만큼, 현재의 전자상거래 진전의 정도로 보아 곧 주력 시스템으로 자리 잡게 될 전망이다.[12]

2) 부실채권의 매각방식의 표준화

부실채권을 정리하는 데에는 여러 가지 방식이 있다. 자산관리공사가 채택하여 큰 성과를 올린 방식으로는 공개경쟁 입찰과 자산담보부증권(원화 또는 외화표시 ABS)발행을 들 수 있다. 자산관리공사가 국제 공개경쟁 입찰에서 시종일관 고수한 원칙은 공정성(fairness), 투명성(transparency), 단순성(simplicity) 이었다. 이러한 'FTS원칙'을 부실채권 정리는 물론 자산관리회사(AMC), 구조조정회사(CRC, CRV)의 설립과 입찰시에 예외 없이 적용함으로서 국내외 투자를 성공적으로 유치하는 등 성공을 거둘 수 있었다.

금융, 회계, 법률 분야에 있어서는 많은 경우에 외국 전문가들의 도움이 불가피한 상황이지만, 어떤 로비나 외부압력에도 흔들리지 않는 정직성과 강직성을 시스템화 하는 것이 국제 공개경쟁 입찰에서 가장 중요하다. 입찰정보가 새어나가거나 외부 로비에 흔들릴 경우, 혹은 투명성이 의심받게 될 경우 외국인과 거액의 반복게임에서 치명적인 신용의 손상을 입게 되기 때문이다.[13]

자산관리공사의 경우 수많은 국제 공개경쟁입찰을 말썽 없이 치를 수

---

12) 위의 책, 336~337면.
13) 위의 책, 336~337면.

있었던 것은 일관되게 유지했던 두 가지 원칙이었다. 첫째 자의성이나 논란의 여지가 없도록 절차를 투명하고 공개적으로 한다. 둘째 회계법인에 조차도 내정가격 평가를 의뢰하지 않고 철저하게 가격 자유경쟁체제를 유지하는 것이다. 이 방법이야말로 담합을 막고 내부 직원들을 보호하는 최선의 방법이었다. 모든 정보가 공개된 상태에서 오로지 가격만이 결정요인이었는데, 아예 내정가를 정하지 않았으니 보안은 전혀 걱정할 필요가 없었던 것이다. 대신 응찰가격에 대한 최종 거부권은 자산관리공사가 갖는 것으로 했다. 최종 거부권을 행사하는 기준은 자산관리공사가 각종 금융기관으로부터 부실자산을 매입할 때 지급했던 매입가였는데, 응찰 최고가가 그보다 약 10%이상 낮으면 거부권을 행사하기로 했다.[14]

3) 합작회사의 설립

자산관리공사는 외국과의 합작(joint venture)으로 부실채권을 많이 정리하였다. 이 경우에도 국제 공개경쟁 입찰(open competitive bidding)을 택하면서 일정한 원칙하에 AMC, CRC, CRV 설립에 일관되게 그대로 적용함으로서 외국 투자가에게 투명성의 모범사례를 보여주어 신뢰를 받을 수 있었다. 물론 출자지분과 경영권 등 기본 틀을 정함에 있어 합작 파트너와의 역학 관계도 문제였다. 그러나 내부적으로 현실적인 여건, 장래 위험도, 경제전망 등을 모두 고려해야 했고, 무엇보다도 정치적인 입김을 최대한 배제할 수 있는 구조를 만드는 것이 중요한 문제였다. 자산관리공사의 경우 1999년부터 시도한 새로운 형태의 AMC 합작은 국제입찰 방식으로 진행하였다. 입찰에 참가하게 될 합작 파트너가 자산관리공사의 자료실(data room)에 들어와 자료를 구하고 현장실사를 통해 자산관리공사의 현물출자 가격을 자체적으로 평가한 후 입찰에 참여하는 방식이었다. 응찰자 가운데 최고 가격을 써낸 투자자를 합작 파트너로 정하

---

14) 위의 책, 144면.

되, 자산관리공사는 현물출자를 하고 이와 동일한 액수의 현금을 상대 파트너가 대응출자 하도록 해서 지분을 50대 50으로 분할했다. 그리고 AMC 경영권은 새로운 사업에 진출하려는 내국인들로부터의 로비를 완전히 배제하기 위하여, 외국인에게 일임하는 방식을 택했다.[15)

4) 자산유동화 서류의 표준화 및 전자공시

자산관리공사는 부실채권을 정리할 때 자산유동화법에 의한 자산유동화방식을 자주 이용하였다. 그것은 자산유동화법이 자산관리공사의 공적 자금 회수를 용이하게 할 목적으로 제정되었다 할 정도로 각종 특례가 많이 인정된 데다가, 자산관리공사의 주도로 발행절차가 대폭 간소화되고 표준화됨으로써 비용과 시간을 절약할 수 있었기 때문이다. 자산유동화법에서는 불특정 다수의 투자자보호를 위하여 자산유동화계획 및 자산양도 등의 사실을 금융감독위원회에 등록하게 되어 있는 바(동법 제6조 1항), 이 때 전자기록(즉 CD-롬 등)으로 서류를 제출하게 함으로써 자동적으로 각종 서식이 표준화될 수 있었다.[16)

자산관리공사의 경우에도 2003년 12월 현재까지 16차례에 걸쳐 유동화증권을 발행하였는데, 발행 회차를 거듭하면서 절차의 신속성, 효율성을 도모할 수 있었다. 제출된 자산유동화 등록서류는 금융감독원 공시감

---

15) 자산관리공사는 AMC와 CRC, CRV를 설립하면서 경영권은 합작 파트너에게 이양하는 대신 경영을 감시하고 자산관리공사의 이익을 대변하기 위해 간부진을 신설회사로 파견하였다. 외국 투자자에 대한 모니터링과 외국 투자기관들의 선진 자산관리기법 실무 습득이 목적이었다.

16) ABS는 첫 번째로 자산유동화계획등록을 신청하여 금감원의 수리가 있어야, 두 번째 단계인 자산양도등록을 신청할 수 있다. 계획등록과 양도등록은 유동화자산을 SPC에 양도하는 것을 주 내용으로 하고 있으며, 보통 양도등록일에 함께 제출하는 유가증권신고서는 "유가증권발행 및 공시에 관한 규정"에 따라 최종적으로 발행되는 유가증권인 유동화사채 자체와 관련된 문건이다.

독국 자산유동화업무팀에서 관리를 하면서, 예외 없이 금융감독원의 DART 시스템을 통하여 공시되고[17) 있다.

따라서 부실채권 정리에 있어 한국의 자산유동화에 관한 법률 중, 특히 감독당국에 제출할 서류의 내용과 첨부서류를 참고하여 각국별로 체계를 확립한다면 자산관리공사가 향유하였던 발행의 안정성과 효율성을 함께 확보할 수 있을 것이다. 더 나아가 전자공시(electronic disclosure)시스템을 조기에 구축한다면 기관투자가를 비롯한 불특정 다수의 투자자들에게 관련정보를 제공할 수 있을 뿐만 아니라 감독당국의 서류보관에 따른 불필요한 비용 및 시간낭비를 지양할 수 있을 것이다.

통상적인 자산유동화의 경우에 감독 당국에 제출하여야 하는 문건을 단계별로 살펴보면 다음과 같다.

□ 1단계 : 자산유동화계획등록신청서

유동화자산의 범위, 유동화증권의 종류, 유동화자산의 관리방법 등 자산유동화에 관한 계획이 기재된 자산유동화계획을 금융감독위원회에 등록하기 위해서는 금융감독원장에게 자산유동화계획등록의 신청서를 제출하여야 한다(자산유동화법 제3조 및 제4조, 동법시행령 제3조, 자산유동화 업무감독규정 제3조 내지 제5조).

○ 기재 사항
  - SPC등의 명칭, 사무소의 소재지 등에 관한 사항
  - 자산보유자에 관한 사항
  - 유동화자산의 종류, 총액 및 평가내용 등 당해 유동화자산에 관한 사항
  - 유동화증권의 종류, 총액, 발행조건 등에 관한 사항
  - 유동화자산의 관리, 운용 및 처분에 관한 사항
  - 자산관리자에 관한 사항

○ 첨부서류
  - SPC 법인등기부등본, 정관 등

---

17) <http://dart.fss.or.kr>

- 자산관리위탁계약서
- 업무위탁계약서
- 외부평가기관의 평가의견서
- 자산보유자에 대한 최근 사업연도의 감사보고서

□ 2단계 : 자산양도등록신청서(유동화자산계획등록이 수리되어야 신청 가능)

자산유동화계획이 등록되면 자산보유자 또는 SPC등이 유동화자산의 양도, 신탁 또는 반환이나 유동화대상 자산에 대한 질권 또는 저당권의 설정을 금융감독위원회에 등록하고자 하는 경우에는 자산양도등의 등록신청서를 금융감독원장에게 제출하여야 한다(자산유동화법 제6조 동법시행령 제4조, 자산유동화업무감독규정 제9조 내지 제10조).

○ 기재 사항

- 유동화자산의 명세
- 유동화자산의 양도, 신탁 또는 반환의 방법, 일정 및 대금지급방법
- 유동화자산이 채권인 경우 채권양도의 대항요건 구비 여부
- 유동화자산의 양도 등에 관한 계약의 취소요건
- 양수인이 당해 유동화자산을 처분하는 경우 양도인 등이 우선매입 권을 가지는지 여부
- 기타 투자자보호를 위하여 필요한 사항 등

○ 첨부서류

- 자산양도등의 계약서
- 외부평가기관의 실사보고서

□ 제3단계 : 유동화 증권 발행을 위한 유가증권 신고서

SPC등이 모집의 방법으로 유동화증권을 발행하고자 하는 경우 자산유동화계획등에 관한 정보, 모집 또는 매출의 방법, 유동화증권의 종류 및 상환방법, 자금의 운용계획 등의 내용을 기재한 유가증권신고서를 금융감독원장에게 제출하여야 한다(자산유동화 법 제27조 내지 제33조, 자산유동화업무감독규정 제15조, 유가증권의발행 및 공시등에 관한규정).

○ 기재 사항
   - 유동화증권의 모집 또는 매출의 요령
   - 유동화증권의 분석에 대한 의견
   - 유동화증권의 신용평가에 관한 사항
   - 유동화증권의 발행 및 세부 상환계획
   - 유동화자산의 관리, 운용 및 처분에 관한 사항
   - 신용보완에 관한 사항 등

○ 첨부서류
   - 총액인수계약서
   - 원리금지급대행계약서
   - 사채모집위탁계약서
   - 신용평가서 등

제2절 국제표준화 추진 방법론의 모색

Ⅰ. 개 요

국제표준화의 추진을 위해서는 여러 가지 방안을 모색할 수 있을 것이지만, 가장 먼저 결정하여야 하는 것이 추진의 주체를 명확히 하는 것이다. 일반적으로 국제표준화는 국제적인 여론을 주도하는 역량 있는 국가가 스스로 또는 몇몇의 국가를 연합하거나 기존의 국제기구를 통해 추진하게 된다. 국제표준화가 진행되는 과정에서 항구적 또는 임시적 국제기구가 설립되어 이를 통해 규범화가 진전을 보기도 한다.

국제표준화는 지역적으로 이루어지거나 또는 범세계적으로 이루어지는 경우로 나누어 볼 수 있으나, 대부분의 경우 일부 지역 또는 국가에서 먼저 형성된 국제규범이 점차 다른 국가나 지역으로 전파되는 경로를 따르게 된다.

국제표준화는 각국이 처한 입장에 따라 규범 수용의 내용과 시기 및 방식이 서로 달라지게 된다. 예를 들어 말레이시아와 같은 이슬람 문화를 배경으로 하는 신흥경제국가와 기독교문화를 배경으로 하는 전통적인 자본주의 국가가 수용하고자 하는 경제관련 규범의 내용이 달라지는 것은 지극히 당연한 결과이다. 비록 금융시장의 논리에 의하면 모든 국가간 금융거래방식을 통일하고 정보를 최대한 확산하는 것이 금융의 효율성을 제고하는 방안이 되는 것이겠지만, 현실적으로 각국의 고유한 입장을 무시할 수 없을 것이다. 따라서 국제화의 여러 가지 장점에도 불구하고 이를 추진하는 과정은 여러 분야에서 다양한 형태를 취합하고 형량하여 점진적인 방법으로 진행되어야 한다.

부실채권정리제도는 부실채권시장의 형성을 촉진하고 이에 대한 참여자의 행위를 규율하는 것을 목표로 하고 있다. 부실채권정리제도는 규제법의 일환으로서 일반적인 규제법이 갖고 있는 가치의 상충문제를 공통적으로 가지고 있다. 즉 부실채권정리의 효율성과 신속성을 제고하기 위해서는 절차에 있어 획일성 및 단순성을 추구하는 한편으로, 관련 당사자의 권익보호 및 법적 안정성 추구 차원에서는 관련 절차의 집행에 있어 신중을 기해야 할 것이기 때문이다. 이와 함께 관련 법규의 실체적 내용에 있어 서로 각 당사자의 기득권을 충분히 보호해야 하는 것이다. 이와 같은 상충하는 가치를 추구하는데 있어서 어느 가치에 더 비중을 두는가 하는 것은 제도를 설계하는 각국 정부가 자기 나라의 경제적 여건 등을 고려하여 판단할 문제이다. 한편 위에서 언급한 가치들의 상충을 유발하지 않으면서도 일반적으로 부실채권정리를 용이하게 하는 제도적 개선사항을 여럿 발견할 수 있다. 대체로 부실채권정리를 위한 제도적 인프라라 할 수 있는 정보체계의 확립이 그것이라 할 수 있다.

부실채권정리의 국제표준화를 논하는 데 있어서 일반적인 경제규제법의 국제표준화의 방법론을 연구하는 것은, 국제표준화의 방안을 모색하고 그의 실현가능성을 검토하는데 있어 매우 유익한 방법이 될 것이다.

II. 정부 및 공적 기구간 상호 협조

1. 공적 기구간 협력의 방식

각국의 정부나 공적 기구가 상대방 국가의 공적 기구와 상호 제도연구 및 통일화를 위한 노력을 경주한다는 양해각서를 교환하는 방식 등으로 국제표준화를 추진해 나가는 방안이다.

이는 일정 분야에서 정부간 상호협조의 절차를 미리 기준으로 설정하는 방법으로 발전할 수 있다. 이러한 경우로는 OECD의 환경에 관한 각료회의 절차지침(procedural guideline)이 있다.[1] 이는 통상 및 환경정책에 관한 정책의 개발과 집행에 있어서 OECD 각 회원국이 관련국과 협의하고 투명성을 제고하도록 하며, 초기 단계부터 관련 회원국과 상호 협력하여야 한다는 것이다. 비록 이 지침이 강제력을 지닌 규범으로서의 지위를 확보하지 못하고 있으나, 대부분의 OECD 회원국은 이 절차지침을 충실히 이행하고 있다.[2]

국가 또는 정부기관 사이에 양해각서(MOU, Memorandum of Under-standing)가 체결될 경우 조약과 같은 법적 효력을 지닌다. 이는 일반적으로 기존협정에서 합의된 내용을 명확히 하거나 모 협정의 후속조치를 확인하기 위해 체결한다. 그러나 민간기관간 협정된 양해각서는 법적인 강제성이 없다.[3] 다만 타당한 근거 없이 위반할 경우에는 도덕적 비난이 따른다. 이는 일반적으로 사업의 이해당사자들이 본 계약의 체결 이전에 교섭의 중간결과를 바탕으로 서로 양해된 사항을 확인할 때 사용된다.

그 동안 한국 자산관리공사가 각국의 공적 기구와 체결한 양해각서의 내용으로는, 1) 체결기구간의 교류 증진 및 상호업무협력을 통해 부실자

---

1) 1993년 6월 OECD 각료회의는 회원국 정부가 환경과 통상의 상호협조를 촉진시키고 정책을 입안하는데 도움을 주기 위해 절차지침을 채택하였다. 그 주요 내용으로는 회원국은 상호 중요한 영향을 주게 될 통상 및 환경정책의 개발과 집행에 있어 관련국과 협의하여야 하며 투명성제고를 위해 노력하여야 한다는 것 등을 포함하고 있다(서헌제, 국제경제법, 율곡출판사, 1996, 849면).

2) OECD 내부규범에 속한 지침 등은 일반적인 국제조약보다 강제성이 느슨하나 단순한 선언적 규범보다는 강한, 중간적 성격의 규범이다. OECD는 WTO와 같은 사법적 분쟁해결절차가 없기 때문에 자율적 준수를 원칙으로 하고 있어 실질적으로 잘 작동되지 않을 가능성을 내포하고 있다. 그러나, 정기적으로 국가별 검토를 하고 각 회원국에게 주요 신규조치에 대한 통보를 하는 등 절차상의 의무를 부과함으로써 사실상의 구속력을 가질 수 있도록 노력하고 있다(위의 책, 91면 참조).

3) OECD 환경관련 각료회의의 절차지침은 상호협조에 관한 당사국간의 이해를 확인하는 성격을 지닌 것으로서 공적기구 간 협력체제의 구축에 시사하는 바가 크다.

산 정리에 기여한다는 것, 2) 교류증진 및 경험공유를 위한 연례회의를 개최한다는 것, 3) 기구 상호간의 인적 교류 및 부실자산정리에 대한 경험을 공유하자는 것, 4) 부실자산의 마케팅전략의 수립·개발 및 매각전략에 대한 업무협조 그리고 5) 비밀유지 협약, 양해각서의 효력발생 및 종료에 대해 규정하고 있다.

이러한 양자간 양해각서방식의 협력은 세계부실채권정리기구와의 상호협력체계의 구축을 위한 국제포럼의 개최로 발전하였다. 여기에는 31개국의 대표가 참여하였으며, 참가한 국제기구로는 세계은행(World Bank), 아시아개발은행(Asian Development Bank), 국제통화기금(International Monetary Fund), 국제투자은행(International Investment Bank) 등이 있다. 국제포럼이[4] 지속적으로 발전해나가면서 이를 통해 다자간 양해각서를 교환하는 것도 효과적일 것이다.

각국의 공적기구간의 상호 제도에 대한 이해가 증진되는 것을 보아가면서, 각국의 자산정보제공시스템을 구축하는 것도 상호 투자증진을 위한 좋은 방안이 될 수 있다. 부실채권 보유기관은 금융기관의 경우 대출기업 등에 대한 많은 정보를 축적하고 있기 때문에, 잠재적인 수요자에 이들 정보를 상시 제공하는 체제를 유지할 경우에 시장저변이 확대되는 효과를 거둘 수 있을 것이다. 금융기관으로부터 부실채권을 매입하여 이를 처분하는 공적기구의 입장에서도 금융기관으로부터 매입시의 평가자료와 이후 축적한 자료를 상시 공급함으로써 같은 효과를 거둘 수 있을 것이다. 합작 파트너가 외국의 투자기관일 경우 당해 투자기관으로서도 자국의 일반 투자자 모집에 충분한 사전 정보가 필요할 것이기 때문이다.

이 방식은 그간 우리의 자산관리공사가 지속적으로 추진해온 방안이다. 앞으로 교섭의 폭과 강도를 좀 더 강화하자는 것으로 현 단계에서

---

4) 한국자산관리공사는 9개국 14개 기관과 MOU를 체결하였으며, 2000년 제1회 세계부실채권포럼을 서울에서 개최하였다. 2001년에는 Beijing에서, 2003년에는 모스크바에서 동포럼이 개최되었다.

실현가능한 현실적인 방안이다.

또한 국가간에 상호 정확한 정보의 교환을 통해 공적기구가 사적 경제주체의 부실채권시장에 참여에 대한 장애를 제거함으로써, 부실채권시장의 기반을 확충하는 효과를 볼 수 있을 것이다. 이는 비교적 부실채권 정리에 관한 금융 인프라가 확립되어 있는 국가에 있어서 유용한 방법이 될 것이다. 기존의 국제기구를 이용한 상호정보교환 등을 통해 협력체제를 구축할 수도 있을 것이다.

2. 한국자산관리공사의 국제 협력 사례

1) 국제협력을 추진하게 된 배경

자산관리공사는 부실채권 정리업무를 수행하면서 다양한 업무 노하우와 역량을 갖추게 됨에 따라 국제적인 업무 협력체제의 중요성을 절감하였다. 초기에 부실채권 정리업무를 수행하면서 적정한 매각처를 찾는데 많은 어려움을 겪었던 자산관리공사는 미국과 유럽을 중심으로 한 주요 투자은행의 독점적인 부실채권 인수자본에서 탈피한 세계부실채권시장의 자본 저변화의 필요성을 인식하였던 것이다. 뿐만 아니라 세계경제의 급속한 글로벌화 추세에 따라서, 한 국가의 부실채권 문제는 더 이상 해당 국가만의 문제가 아니라 주변 국가도 함께 해결해야 할 공통의 과제가 되었다. 이에 따라서 자산관리공사는 2000년 4월부터 각국의 부실채권 정리기구 대표들이 한자리에 모여 부실채권 정리업무에 관한 국제 협력체제에 대하여 논의하는 국제회의의 개최를 준비하기 시작하였다. 부실채권정리기구 대표 외에 IMF, IBRD 및 ADB 등 국제기구 대표들과 국제 부실채권시장에서 바이어(Buyer)로서 적지 않은 영향력을 행사하고 있는 주요 국제투자기관 대표 및 부실채권 관련 분야 학계 대표 등이 참석하도록 계획을 세웠다. 부실채권 정리를 위한 범세계적 협력체제의 필요성은 일찍이 IMF 및 세계은행 등의 국제기구에서도 절감하고 있었으나 국제기구가 이를 직접 실행하기에는 현실적인 어려움이 있어 이를 실행에 옮기지 못하고 있었다.

1차 회의를 서울에서 개최토록 추진하기로 하고 포럼 참가 대상은 상호 실질적 이익이 실현되는 부실채권 국제포럼이 될 수 있도록 각국 부실채권 정리기구는 물론 국제기구 및 부실채권 시장과 밀접한 관련이 있는 주요 투자은행, 신용평가기관 등과 함께 학술기관과 미디어기관 등도 참가할 수 있도록 하였다. 포럼은 자산관리공사를 비롯해 현재 부실채권 정리 경험이 있는 세계 각국의 부실채권 정리기구 기관장 및 금융감독기관의 실무자 등이 각국의 부실채권 처리 경험과 방향, 전략을 주제로 발표하는 방식으로 진행키로 하였다. 또한 세계 각국의 부실채권 정리기구간에 공동적이고 상시적인 업무 협의체 구축방안을 모색하고, 이에 따른 합의문을 채택하도록 하였으며, 세계은행 및 ADB, IMF를 포함한 국제기구와의 업무협의체 구성에 대한 지원방안과 S&P, Fitch, Moody's 등 세계 3대 신용평가기관이 부실채권을 담보로 한 자산유동화증권과 주택저당증권시장 등 부실채권을 이용한 자산유동화에 대한 견해와 함께 신용평가기준을 제시할 수 있도록 한다는 계획을 세웠다.[5]

2) 제1회 아시아태평양 부실채권 포럼(NPL Forum of Asia-Pacific)의 주요 논의사항

2000년 11월 9일 IBRD, IMF 및 ADB 등 국제기구의 대표들과 전 세계 15개국 부실채권정리기구 대표, 그리고 주요 투자기관 및 국내외 금융기관, 학술기관에서 약 800여명의 참가자들이 참석한 가운데 「제1회 아시아태평양 부실채권 포럼」이 개최되었다. 세계최초로 미국, 중국, 일본, 태국, 인도, 대만, 베트남, 인도네시아, 말레이시아 등 아시아 태평양 지

---

5) 한국자산관리공사, 한국자산관리공사 40년사, 2001, 361~377면.

역뿐만 아니라 멕시코, 러시아, 터키, 헝가리, 체코, 슬로바키아 등 전 세계 15개국 부실채권 정리기구와 금융감독 정부기관들의 대표들과 국제기구 대표들이 한 자리에 모여 효율적인 부실채권 정리라는 공동의 목적을 논하게 된 것이다.

각국 부실채권정리기구 대표들이 자국의 부실채권 현황과 이에 대한 해결 방안 등을 발표하였고, 세계은행과 ADB 대표의 의견 개진이 있었다. 이 자리에서 각국 대표들은 자국의 상황에 적합한 부실채권 정리 방안을 토의하였다. 특히 그들 중 급격한 경제발전 상황에서 막대한 양의 부실채권을 처리해야 하는 중국의 4대 국영자산관리공사 사장들의 발표는 포럼 참석자들의 많은 관심을 끌었다.

이어서 효율적이고 신속한 부실채권정리를 위한 보다 세부적이고 기술적인 방안들이 토의되었다. 마지막으로 세계 부실채권시장의 형성을 통한 효율적인 부실채권정리를 위해 각국의 부실채권 정리기구들이 지속적이고도 실질적인 협력체제 구축에 합의하는 「서울공동선언문」을[6]

---

6) 아시아 – 태평양 부실채권포럼 서울 공동선언문(요약)의 요지는 다음과 같다. 우리 세계 부실채권정리기구들(총 14개국 17개 기관)은 2000년 11월 9~10일 서울에서 개최된 아시아 – 태평양 부실채권포럼을 계기로, 부실채권 정리 업무와 관련한 국제협력의 중요성을 인식하고, 향후 부실채권의 효율적인 처리를 통한 금융기관의 건전성 제고와 금융산업의 발전을 기하고, 국가경제의 발전과 세계경제의 지속적인 성장을 도모하기 위해, 다음과 같은 상호 업무협력에 합의한다(정재룡 · 홍은주, 주15)의 책, 399면).
  1. 교환 가능한 부실채권 관련 주요 정보를 공유토록 노력한다..
  2. 부실채권정리 과정에서 습득한 전문지식 및 업무 노하우를 공유토록 노력한다.
  3. 국제 부실채권의 시장 형성을 위해 공동으로 노력한다.
  4. 부실채권관련포럼을 매년 11월 중에 개최하며, 차기 개최기관은 당해 포럼에서 결정한다.
  5. 업무협력을 위한 제반사무처리는 차기 포럼 개최기관이 담당하며, 각 부실채권 정리기구는 실무협조를 위한 담당창구를 둔다.
  6. 2001년 포럼은 중국이 북경에서 개최한다.

발표하였다. 「부실채권 포럼 서울공동선언문」의 발표는 세계 최초로 효율적인 부실채권정리에 관한 각국 부실채권정리기구들의 합의를 이끌어 냈다는 점에서 매우 큰 의의가 있었다.

부실채권포럼을 통해 회의의 성과를 직접 체험한 중국 4대 국영자산관리공사가 가장 먼저 차기 부실채권 포럼의 개최를 희망했으며, 매년 장소를 달리해 개최 취지를 이어가게 되었다. 무엇보다도 자산관리공사가 포럼 개최를 통해 얻은 가장 큰 소득은 부실자산처리를 위한 확고한 국제 협력 체제를 구축하게 되었다는 점이다. 즉 부실채권의 효율적 정리를 위한 정보 교환 및 공유, 부실채권 처리기법의 실효성 평가와 선진 기법의 도입 및 활용, 국제 부실채권시장 형성의 기반 조성, 세계 주요 투자기관을 대상으로 한 부실채권 시장의 공동 홍보를 통해 부실채권시장 형성의 활성화를 도모할 수 있게 되었다.

3) 제2회, 제3회 부실채권포럼 및 전망

아시아 태평양 부실채권포럼 서울공동선언문의 정신에 따라 2001년 11월, 중국 베이징에서 중국 4대 국영자산관리공사가 공동 주최하고 중국 재정부 및 중앙은행인 인민은행이 후원하는 제2회 부실채권포럼이 개최되었다. IMF, 세계은행, ADB 및 IFC 등의 국제기구와 한국의 자산관리공사를 비롯하여 중국, 일본, 인도네시아, 말레이시아, 베트남, 터키 및 슬로바키아 등 주요국의 부실채권정리기구 대표 및 투자은행 대표자들이 참석하였다.

제3회 부실채권포럼은 2003년 6월 러시아 모스크바에서 개최되었다. 제3회 포럼에서는 제1회 포럼에서 채택된 부실채권정리에 관한 「서울선언문」의 정신을 국제협력의 기본으로 한다는 것을 확인하고, 부실채권 문제가 국제경제에 있어 한 국가만의 문제가 아닌 국제협력이 필요한 분야라는데 의견을 모았다.[7] 이와 같이 베이징과 모스크바에서 제2회, 제3회 부실채권 포럼이 성공적으로 개최된 것은 세계 각국이 부실채권

정리 업무에 지대한 관심을 쏟고 있다는 것을 반증하는 것이다. 또한 자산관리공사가 쌓아온 실적과 노하우가 국제 사회로부터 긍정적인 평가를 얻게 되었다. 결론적으로 지난 2000년 아시아-태평양 부실채권 포럼을 개최한 것을 계기로 자산관리공사가 제창한 부실채권정리에 관한 국제 공조 및 협력 방안이 국제적으로 공감대를 넓혀가고 있다는 데에 그 의의를 찾을 수 있을 것이다.

4) 해외 부실채권 기구와의 양해각서 체결 현황

자산관리공사는 국제적인 협력관계를 바탕으로 해외 부실채권정리기구들과 부실채권정리에 관한 양해각서를 속속 체결하게 되었다.[8] 양해각서는 법적 구속력은 없지만, 양 체결 기관이 자국의 부실채권정리를 위해 상호 협력적인 관계를 유지 발전시킨다는 실질적이고 다각적인 방안들을 포함하고 있다. 그 주요 내용을 보면 다음과 같다.

- 매년 상대 체결기관 국가에서 교대로 연례회의 개최
- 부실채권정리업무 및 연수프로그램을 통한 정기적인 인적 교류
- 체결 기관의 부실자산처분에 대한 정보 공유 및 업무 교류 등을 통한 상호 업무 협력
- 비밀준수 의무(상대방 서면 동의 없이 업무교류 시 취득한 정보에 대해 외부 공개 금지)
- 양해각서 효력은 기본적으로 3년간 유효, 만기 90일 전 별도 서면 통

---

7) 한국자산관리공사40년사, 361~377면.
8) 1999년 11월 베이징 포럼이 개최되었을 때 자산관리공사는 중국 4대 국영자산관리공사의 하나인 신달자산관리공사와 자산관리공사간에 처음으로 양해각서를 체결하였다. 자산관리공사는 신달자산관리공사와의 상시적인 업무협조 체제를 구축하고, 부실채권정리 업무 수행에 있어 상호 협조적인 관계를 유지함으로써 이후 여타 부실채권정리기구들로부터 양해각서 체결 요청이 잇따르게 되었다.

지가 없는 한 자동으로 3년간 재연장

  자산관리공사가 업무협력을 위한 양해각서를 체결하는 것은 그리 간단하고 의례적인 일이 아니다. 양해각서의 상대국마다 부실채권의 현황이 다르고, 무엇보다도 부실채권 정리업무의 특성상 각국 정부 당국이 정책적으로 부실채권 정리를 수행하는 만큼 양해각서의 체결은 대부분 자국 정부의 승인 아래 이루어졌다. 1999년 11월부터 시작된 자산관리공사의 양해각서 체결은 중국, 일본, 인도네시아 등의 아시아지역과 러시아, 체코, 슬로바키아, 터키 등 유럽지역 및 멕시코까지 전 세계 9개국의 14개 부실채권정리기구와 국영은행 등으로 확대되었다. 이를 통하여 자산관리공사를 중심으로 부실채권정리에 관한 국제적인 네트워크가 형성되었다.

<표 Ⅳ-1> 자산관리공사와 해외 부실채권정리기구와의 양해각서 체결 현황

국가명	기관명	체결일자
인도네시아	IBRA(부실채권정리기구) －The Indonesian Bank Restructuring Agency	2000. 8. 8
일 본	DICJ(일본예금보험공사) －Deposit Insurance Corporation of Japan	2000.11. 9
중 국	CINDA AMC(중국신달자산관리공사)	1999.11.24
	China Huarong AMC(중국화융자산관리공사)	2000.11. 8
	China Great Wall AMC(중국장성자산관리공사)	2000.11.11
	China Orient AMC(중국동방자산관리공사)	2001. 2. 5
	China Construction Bank(중국건설은행)	2002. 7. 9
체 코	KOB Praha(부실채권정리기구)	2001. 2.23
	ODIEN Group(자산관리회사)	2002. 9.13
러시아	ARCO(부실채권정리기구)	2001. 6.21
멕시코	IPAB(예금보험 및 부실채권정리기구)	2001. 7.26
터 키	BRSA(금융감독 및 부실채권정리기구)	2001.10.19
슬로바키아	SK,a.s.(부실채권정리기구) －Slovenska Konsolidana a.s.	2001.12.17
대 만	CDIC(예금보험공사) －Central Deposit Insurance Corporation	2003. 8.22

이는 「아시아태평양 부실채권 포럼」과 더불어 자산관리공사가 세계 각국에 대하여 부실채권정리의 국제적 협력 필요성을 공감하게 하는데 크게 기여를 한 것으로 볼 수 있다.

한국의 자산관리공사가 단기간 내에 체제전환국, 신흥시장경제국가의 여러 나라와 업무 협력관계를 구축할 수 있었던 것은, 부실채권의 발생 및 처리에 있어서 한국이 다른 선진국들에 비해 이들 나라와 유사성이 많은 데 기인하였다. 그러나 이들 나라는 자산관리공사가 불과 3-4년 사이에 천문학적 규모의 부실채권을 효율적으로 정리한 것에 주목하고 자산관리공사로부터 매우 실체적인 부실채권정리의 노하우를 습득할 수 있다고 기대한 것도 크게 작용하였다. 자산관리공사로서도 부실채권정리에 관한 노하우의 수출 가능성을 타진하는 한편 해외 부실채권정리기구들과의 협력관계를 통해 부실채권 정리기법을 선진화하기 위한 토대를 마련하였다. 참여 국가간에 부실채권의 공동 매각과 유동화 방안을 모색하면서 상호간에 대량 매각에 따른 비용을 절감하고 적정한 시장가격을 보장하는 방안을 연구하고, 참여국의 자산관리회사 및 구조조정 전문회사를 공동으로 구성함으로써 설립 비용을 절감하면서 부실채권을 조기에 대량으로 매각할 수 있는 실제적인 방안도 강구될 수 있다. 이와 함께 공동마케팅 전략, 데이터베이스의 공유 방안 등도 지속적으로 검토하고 있다.[9]

3. 국제 결제은행의 사례

양해각서를 체결하는 경우에도 담당기구가 정부기관이나 소관 기관에 대한 실질적인 감독권한을 가지고 있다면 경우 당해 양해각서의 실효성이 높아질 것이다.

대표적인 사례가 국제결제은행(BIS) 은행감독위원회(일명 '바젤위원

---

[9] 한국자산관리공사40년사, 361~377면.

회')의 자기자본건전성기준(capital adequacy ratio)이다. BIS률은 법적인 강제력은 없지만, BIS 회원국의 은행들이 이를 준수함으로써 처음 제정된지 15년이 된 지금까지도 전 세계적으로 매우 큰 영향력을 행사하고 있다.

다만 이 방식은 금융 국제화 진전이 느리고 금융·경제상으로 영향력이 작은 국가일수록 그 효과가 미미할 수 있다. 또한 각국 내부적으로도 공적 기구의 위상이 서로 달라 채택한 각서의 국내 규범화가 늦어질 가능성도 있다. 바젤위원회의 경우 각국에서 권위를 인정받는 중앙은행의 대표가 상호 교환한 각서였기 때문에 국내의 관련기관들이 대부분 이를 존중하였다. 이 방식을 부실채권정리에 적용한다면, 공적 기구가 차지하는 비중이 큰 나라일수록 공적 기구 간 상호 교환한 양해각서의 효과가 크게 나타날 것이다. 일반적으로 각국 정부는 부실채권의 문제가 경제사회적으로 심각한 영향을 미치게 될 경우 한시적인 공적 기구를 설립하거나 기존의 상설기구에 권한과 자금을 확충하도록 함으로써 이를 통해 부실채권을 주도적으로 정리해 나간다. 평상시에는 일반 금융기관이 직접 자체 처리하는 비중이 높아지게 된다. 이에 따라 공적기구의 역할도 상대적으로 위축되는 것이 현실이다.

이러한 점을 감안할 때, 제도적인 측면에서 부실채권정리가 활성화되기 위해서는 정부차원에서 부실채권정리체계의 확립에 적극적으로 개입할 필요가 있는 것이다. 이는 또한 한 국가만의 힘으로 가능한 것이 아니기 때문에 부실채권정리와 관련된 국제금융기구 등과의 협조를 통해 각국 정부가 금융구조의 건전성을 확보하고자 하는 노력을 강화하도록 상호 이해를 증진시키는 작업이 병행되어야 할 것이다.

4. 국제협력을 통한 국제표준화가 가능한 사례

대규모의 부실채권을 단기간에 처리하는 방안 중 대표적 방식이 국제입찰이다. 자산관리공사 역시 1998년 9월 이후 국제입찰 방식으로 7회에 걸쳐 총 6조 800억 원의 부실채권을 정리하였다. 이 정리 방식에서 자산관리공사는 부실채권 처리 방식에 있어서 국제적 표준화의 모범적 사례를 제시하였다. 'FTS 원칙'으로 요약될 수 있는 단순매각(outright sale) 방식으로, 이는 미국의 RTC가 실시한 대량매각(bulk sale) 방식과 유사하다. 이 원칙은 차후에 자산관리공사가 합작투자 형식으로 부실채권을 정리하는 과정에서도 그대로 적용되었고, 이 결과 자산관리공사는 국제금융시장에서 투자자로부터 좋은 평판을 받아 대규모의 부실채권을 성공적으로 정리하는데 결정적 요인으로 작용하였다.

국제입찰 방식은 매각 옵션에 따라 여러 방식으로 다시 분류할 수 있다. 자산관리공사 역시 초기 제1 및 제2차 국제입찰에서는 채권의 향후 가치상승시 기대할 수 있는 잔존이익의 배분을 고려한 복잡한 구조의 국제입찰 방식을 택하였었다. 그러나 거래의 신속성, 공정성 및 투명성을 확보하여 많은 투자가를 참여시키는 방식으로 제3차 국제입찰 매각부터는 단순매각 방식이 고수되었고, 이 방식이 다른 나라에서도 부실채권을 정리할 때 모범적 방식으로 정착하게 되었다.

이 방식의 요체는 일정 자격 여건을 갖춘 투자자 모두에게 매각 대상 자산에 대한 실사 기회를 부여하고, 투자가의 담합을 막기 위한 내정가를 없애고, 낙찰의 최종 결정은 오직 투자가가 제시한 입찰가격의 순위에 의해서만 결정하는 것이다. 이렇게 단순 명료하게 표준화된 방식은 부실채권의 수요자 입장에서는 입찰에 적극 참여하는 동기부여가 되고, 공급하는 입장에서도 다음과 같은 장점으로 부실채권 거래의 활성화를 가져다준다.

매각하는 측은, 첫째 매각대상 자산을 일정한 풀(pool) 단위로 집합하여 매각하기 때문에 부실채권을 매각하는 입장에서는 개별적으로 매각하는 경우에 매각이 힘든 자산을 우량한 자산들과 함께 풀을 구성함으로써 매각이 가능해지는 이점이 있다. 둘째 채권을 완전 매각하고 향후 이익 배분 등과 관련한 어떠한 조건도 붙이지 않기 때문에 신속한 자산 처분을 통해 자본 유입을 실현할 수 있다. 마지막으로 매각절차를 단순하고 투명하게 함으로써 공정한 입찰에 의한 상호경쟁으로 매각가격을 높이는 효과를 얻을 수 있다.

자산관리공사는 또한 다양한 합작투자 방식에서도 단순 명료한 방식을 채택함으로써 부실채권 정리 방식에서의 국제 표준화에 좋은 선례를 남겼다. 자산관리공사가 활용한 합작펀드 방식은 이후 산업은행, 우리금융지주회사 및 서울보증보험 등의 금융기관 부실 처리에서 일반화 되었다. 합작투자 형태의 매각 방식은 국제입찰 매각과 자산유동화 매각 방식의 중간적인 형태라 할 수 있다. 다양한 형태의 합작투자의 분류는 투자법인의 설립 근거법에 따라 역외 SPV(Special Purpose Vehicle) 지분참여, 자산관리회사(AMC), 기업구조조정전문회사(CRC) 및 기업구조조정투자회사(CRV)로 구분할 수 있다.

합작투자 방식 역시, 지분 참여 및 관련 옵션에 의해 한없이 복잡한 구조 및 절차를 갖게 될 수 있다. 그러나 자산관리공사는 부실채권 거래의 활성화 및 시장 형성을 목적으로 4회의 AMC매각, 4회의 CRC매각, 2회의 CRV매각에서도 가장 단순하고 투명한 방식을 고수하였다. 합작펀드에의 지분 참여 비율은 자산관리공사 대 투자자를 항상 50 대 50으로 하고, 합작펀드의 경영권은 투자자에게 일임하는(물론 주요 사항에 대한 거부권은 자산관리공사가 보유함) 방식을 일관하였다.[10] 결국 자산관리공사의 합작투자 형태의 부실채권 정리가 성공적 결과를 낳게 된 것도, 위에서 언급한 'FTS 원칙'에 의한 거래의 국제 표준화 성과의 연장선에서 이해할 수 있을 것이다.

자산관리공사가 가장 선진금융 기법이라 할 수 있는 자산유동화증권(ABS) 발행을 통한 부실채권 정리 방식을 적극 도입한 것도 국제 표준화

---

10) 물론 펀드운영의 주요 사항에 대한 거부권은 자산관리공사가 보유하기로 하였다.

의 모범적 사례라 평가할 수 있다. 자산관리공사는 1999년 6월 3,200억 원의 ABS 발행을 기점으로 현재까지 국내 ABS 16건, 해외 ABS 1건으로 총 17건의 ABS를 발행하여 국내 부실채권시장의 선진화에 크게 기여함은 물론, 국제적으로도 부실채권 정리에 있어서 ABS 방식의 정착을 주도하였다. 이와 같은 자산관리공사의 모범적 성공은 ABS 관련법에 제반 절차를 통일화, 규격화시켜 발행의 효율성을 제고하였다는 점과 민법상, 세법상 특례를 도입하여 절차의 명확화, 간결화 및 비용절감 측면에서의 인센티브를 부여한 데서 그 요인을 찾을 수 있을 것이다.

1999년 3/4분기까지만 하더라도, 국내에서 발행되는 모든 채권(회사채, 국채 포함)의 원금상환방식은 기본적으로 만기 일시상환(bullet payment) 방식이었다. 즉 채권의 만기 전에 발행사에 예측치 못한 현금이 거액 발생한다 하더라도 원칙적으로 조기상환을 할 수가 없기 때문에, 이 경우 이자율하락에 따른 자금운용 리스크가 발생할 가능성이 있었다.

자산관리공사의 자산유동화에 있어서는, 환매특약 특별채권이라는 특성상 만기 이전에 항상 이와 같은 거액의 자금이 수시로 발생할 수 있기 때문에 기존의 기관투자가들에게 꾸준한 홍보활동과 시장조사(market tapping) 가 이루어져야 한다.[11)

이는 당시 자산관리공사가 고액의 환매특약 특별채권을 유동화 하는 데 주효하였던 방안으로서 타 기관 또는 타국의 AMC에서도 ABS를 발행할 때 벤치마킹 할 수 있을 것이다. 요컨대 각국의 채권시장의 발달 정도, 기관투자가들의 리스크관리능력에 따라 기본방향이 결정되어지겠지만 수시조기상환방식이 관행화되지 않은 나라에서는 일단 만기일시지급

---

11) 1999년 12월 발행한 제4차 ABS구조에 국내 최초로 조기상환옵션을 도입하여 발행에 성공하였다. 이후 2000년부터 현재까지 발행된 자산관리공사의 자산유동화는 모두 이 같은 조기상환구조를 채택하였고, 국내 여타의 ABS도 대부분 조기상환방식을 채택함으로써 자금운용 리스크를 최소화하고 있다. 그러나 자산관리공사 1, 3차 ABS는 조기상환방식이 아닌 기존의 만기 일시 상환방식으로 발행되었다.

방식으로 ABS 발행을 추진하면서, 동시에 기관투자가들에 대하여 계속적인 정보제공 및 시장조사를 통해 선진국시장에서 일반화되어 있고, 자금운용 리스크를 최소화할 수 있는 수시조기상환 방식으로 발전시켜 나가야 할 것이다.

부실채권정리의 유력한 수단인 자산유동화를 원활히 수행할 수 있는 특별법을 제정하는 것도 중요하다. 공적 자금의 조기 회수를 위한 부실채권의 정리 및 국내 채권시장의 발전을 위해 제정·공포된 것이 바로 자산유동화법이다. 1998년 법안 심의 과정에서 자산관리공사의 의견이 상당 부분 반영되기도 하였다. 국내 자산유동화법의 대표적 특례를 열거하자면, 채권양도 대항 요건에 대한 특례, 저당권 등의 취득에 관한 특례, 이에 관련된 등록세, 취득세 등의 감면 특례이다. 따라서 부실채권정리가 현안 과제로 등장한 국가들도 우리나라 자산유동화법 및 자산관리공사의 ABS 발행 사례를 참조한다면 부실채권의 정리에 크게 도움을 받을 수 있을 것이다.12) 다른 나라에서도 이러한 유동화기법을 수용하여 자국의 부실채권정리에 적용한다면 결과적으로 국제적인 표준화도 점차 이루어질 수 있을 것이다. 이러한 사례는 모델법령의 전파수단으로도 큰 의의를 갖게 될 것이다.

5. 소결론

비록 협력의 내용에 있어 법규화단계에까지 이르지 못하지만, 정부 또는 공적 기구간 상호 경험, 지식, 정보 및 기술을 공유하는 상호협력체제를 구축하는 방안은 각국의 부실채권정리를 효과적으로 추진하는 데

---

12) 중국 화융자산관리공사의 경우에도 2001년 자산관리공사를 자문사로 선정하여 중국에서 ABS를 발행하고자 시도하였으나, 여러가지 제도상의 문제로 인하여 자산관리공사의 경우와 같이#ABS 관련 법률을 선제정하고 발행하는 것으로 결론을 내렸다. 그러나 아직까지도 법률제정이 이루어지지 않고 있는 상황이다.

실질적으로 기여하는 매우 좋은 방안이 될 수 있을 것이다. 이는 좀더 발전 형태의 국제협력단계로 발전해 가기 위해 거쳐야 할 기본적인 협력이라 할 수 있을 것이다. 그리고 상호협력체제의 구축은 보다 법규화된 협력과도 동시에 추진될 수 있을 것이다.

우리나라의 자산관리공사는 이러한 국제협력의 틀을 구축하는데 있어 선도적인 역할을 추구해왔다. 이러한 과정에서 우리나라의 경험과 그것이 내재된 법규가 다른 나라에 있어 매우 중요한 모범이 될 수 있을 것이다. 그러한 예의 하나가 자산유동화에 관한 것이다. 우리의 자산유동화법은 자산유동화를 활성화하기 위한 기본적인 장치를 부여하고 있다. 실제에 있어서는 각종 금융기관은 매우 다양한 방식으로 유동화를 추진해 오고 있다. 이러한 유동화기법은 일부 금융선진국에서 보편적으로 이용되고 있지만 부실채권정리를 위한 자산유동화에 대한 특례제도를 다른 나라가 수용하고 자국의 부실채권정리에 효과성을 제고하는 방향으로 발전한다면 결과적으로 국제적인 표준화도 점차 이루어질 수 있을 것이다. 한편, 우리나라의 자산유동화법은 본장 제3절에서 논하는 바와 같이 모델법령의 전파방식으로도 큰 의의를 가질 수 있을 것이다.

III. 국제협약의 체결

다자간 또는 양자간 조약 등을 통해 또는 기존의 국제기구를 통해 강제력있는 국제규범을 제정하는 방안이다. 대상이 되는 규범의 내용으로는 부실채권의 기준 및 정리제도의 도입 그리고 정리과정에서의 권리구제절차 등을 생각할 수 있다.

기존의 국제기구를 통해 다자간 조약을 체결할 수 있을 것이다. 예를 들어, IMF와 같은 세계적 기구 또는 ADB와 같은 지역기구를 통해 다자간 조약을 체결하는 것이다.

부실채권정리제도가 여러 국가에 걸쳐 통일되어 있을 경우 부실채권 시장에 있어 규모의 경제를 통해 수요자인 투자자와 공급자인 금융기관의 경제적 잉여가 확산될 수 있을 것이다.

조약은 상대방 국가와의 관계에 있어 상호 국가주권을 유보하면서 양국이 공통의 사안에 대해 같이 준수하기로 하는 일종의 약속이다. 이는 일반적으로 법률적인 효력이 인정되며, 우리의 경우에는 국내법에 대한 특별법적인 지위가 인정된다. 따라서 부실채권정리에 관한 법제를 조약에 의하여 상당부분 미리 지정할 경우 국내법으로는 그 부분에 우선하는 규정을 둘 수 없게 된다. 획일적인 제도의 도입을 일방적으로 강제할 경우 이에 국가주권이 종속하여야 하는 결과를 초래하는 점이 있는 것이다. 예를 들어, 금융감독 규제에 대해서는 각국의 고유한 사정과 그에 따른 개별적인 감독규제를 인정하자는 입장이 각국간의 양해사항으로 인정되어 오고 있는 것이 현실이다.[13]

부실채권정리제도는 각국의 경제정책적인 측면에서 스스로 사정에 맞는 제도의 도입이 요구되는 측면이 있다. 일반적으로 부실채권이 경제사회적으로 문제화되는 것은 오랜 기간 누적되어 온 금융기관의 부실채권이 금융기관의 경영을 위협하는 정도까지 발전하는 단계까지 올 경우 나타나는 현상이다. 그러나 금융기관의 경영을 위협하는 시점은 금융의 특성상 예측하기 곤란하며 금융불안심리가 급속히 확산될 경우 그에 신속히 대응하여야 한다. 최근에는 각종 금융기법이 다양하게 발달하여 그 변화도 빨라 금융구조에 발생하는 문제에 효과적으로 대응하기 위해서는 적시에 제도적 변화를 모색해야 한다.

이러한 점을 감안할 때, 금융구조의 핵심이라 할 수 있는 부실채권정리체계를 조약에 의하여 미리 지정해 놓을 경우 그 실효성이 떨어질 가능성이 크다. 이렇게 되면 각국은 스스로 별도의 제도를 창안하게 되고 조약에서 지정한 제도는 형식적인 것이 될 것이다. 물론 조약을 개정해

---

13) 서헌제, 주118)의 책, 545면.

가면서 이에 대응할 수 있겠으나 조약체결과정은 일반적으로 국내법을 개정하는 것보다 매우 많은 시간과 노력을 요구하기 때문에 신속성이 떨어질 수 밖에 없다.

부실채권정리는 시장을 통해 정리하는 것이 바람직하다. 기본적으로 시장의 형성은 시장자율에 의하는 것이 바람직하며 정부는 시장의 형성에 도움이 되는 여건을 조성하는 역할을 수행해야 한다. 시장에 관한 규범을 강행규범화하는 범위는 가급적 최소화하는 것이 바람직하다.

이러한 관점에서 볼 때, 부실채권정리제도를 각국에 공통적으로 적용되는 강행규범화하는 것은 금융 및 경제의 논리에 비추어 볼 때 실효성이 떨어지는 측면이 있다. 따라서 이 방안의 현실적인 수용가능성이 희박하다고 보아야 한다.

다만 투자자의 권리구제, 상호협력 및 정보교환 등에 관하여는 현실적으로 이를 강행규범화하는 것도 가능할 것이다. 이는 시장주변적 여건을 구성하는 요소로서 부실채권정리를 위해 보조적 기능을 수행하는 제도들이기 때문이다.

부실채권의 기준 등에 있어서는 이를 각국이 수용한다 하더라도 기준준수 및 분류의 적정성을 심사할 만한 집행수단을 확보하지 못할 경우 강제력 있는 기준의 실효성이 반감될 것이다. 만약 국제적인 민간신용평가기관에만 맡길 경우 이의 공정성 시비가 이어질 가능성이 있다. 또한 국제적인 민간신용평가기관이 역내 민간신용평가기관에 비해 수많은 기업들의 현지사정을 정확히 파악하기 어려운 문제가 있다. 강제력 있는 국제규범의 도입이 가능한 분야로서 유동화증권의 공시 또는 등록에 관한 사항을 들 수 있겠다. 모든 증권은 개별 규제된 시장에 등록하는데 있어 각 시장의 규율에 따르도록 되어 있지만 부실채권을 기초자산으로 하는 유동화증권에 대해서는 각 나라에 공통적으로 적용되어야 할 사항을 규율하는 통일기준이나 규범을 제시할 수 있을 것이다. 예를 들어 각 투자자가 증권의 취득전 고려하는 일반적인 사항들을 들 수 있겠다.

IV. 독립된 국제기구의 설립

특정 목적을 위해 독립적인 국제기구를 설립하는 방안이다. 국제적 부실채권정리의 원활화를 목적으로 하는 별도의 국제기구를 설립할 수 있을 것이다. 투자자가 집중되어 있는 서구국가와 잠재적인 공급자 그룹인 후진국가가 모두 참여하는 전세계적인 기구를 설립하는 방안과 공급자 그룹간 지역적인 상호부조 기구를 설립하는 방안이 있다. 이 중 좀더 현실적인 방안은 공급자 그룹간 지역적인 기구를 설립하는 방안이다. 예를 들어, 전세계적인 기구로는 노동분야에서 ILO, 통화분야에서 IMF와 유사한 기능을 하는 부실채권정리전담기구를 설립하는 방안이다.

또한 동북아개발은행과 같은 지역 기구를 새로이 설립하면서 이의 기능 중 하나로 부실채권의 정리업무를 추가할 수 있을 것이다. 이 조직은 규범의 제정과 보급, 상호재원의 마련, 각국의 규범 이행실태에 대한 검사 등의 기능을 수행할 수 있을 것이다.

상호재원의 마련은 가입국의 민간재원으로 조달하고 필요시 정부가 지급보증하는 방법으로 차입할 수도 있을 것이다. 예를 들어, 동북아개발은행은 장기채를 발행하고 이를 재원으로 부실채권을 매입하고 정리하는 과정에서 얻는 수익을 채권보유자에 이자로 분배할 수 있는 것이다. 동북아개발은행이 이러한 기능을 수행할 경우 비교적 부실의 정도가 심하지 않은 부실채권은 동 기관을 통한 정리를 가장 효과적인 정리방안으로 보는 관행이 각국에 확립되면서 자연스럽게 동 기관의 처리기준과 방법이 참여국에 확산될 것이다. 필요시 동 기관은 각국의 금융기관 또는 공적기구로부터 2차적으로 부실채권을 매입하는 기능을 수행할 수 있을 것이다. 즉 bad bank의 bad bank가 되는 것이다.

이러한 bad bank로서의 역할 이외에 동 기관에서는 부실채권을 거래하는 시장으로서의 역할을 수행할 수도 있을 것이다. 즉, 부실채권상장시장을 개설하여 가입국의 금융기관이 일정요건을 충족하는 증권화한 부실채권을 상장시킬 경우 이를 거래시키는 장소를 제공하는 것이다.

대규모의 장기재원 마련을 통해 가입국 금융기관의 부실채권정리의 효과성을 제고할 수 있는 장점이 있다.

국제기구가 주도하여 국제표준화를 추진할 수 있는 효과적 방안이 될 것이다. 공정경쟁의 원칙이 지켜지기 어려운 분야에 이의 준수를 감시할 수 있는 별도의 기구를 둠으로써 공정경쟁이 활성화될 수 있는 길을 열 수 있는 장점이 있다.

그러나 기존의 국제기구와의 업무중복, 투자자그룹인 서구국가의 참여의사 문제 그리고 공급자그룹국가만 가입할 경우 예상되는 재원의 부족 등의 문제가 있다.

또한 현실적으로 동 기구의 설립을 적극적으로 추진할 주도적인 정부가 나타나지 않으면 일부 공적기구 또는 민간금융기관의 의지만으로는 성공적으로 추진하기 어려운 점이 있다. 대부분의 경우 국제조직은 경제위기와 같은 특별한 계기가 있을 때 설립되어 온 점을 감안할 때 부실채권의 증가로 인한 금융경색을 사전에 방지하고자 하는 취지를 살리기 어려운 점이 있다.

V. 여타 방안

1. 국제적 기준의 자율적 수용

각국에 소재하는 정부기관이나 민간기관이 준수하여야 할 업무의 기준을 설정하는 경우로는 국제결제은행(BIS, Bank for International Settlements)의 자기자본비율,[14] OECD 또는 ILO의 노동기준을 들 수 있다.

국제결제은행의 자기자본비율은 서구 선진국의 중앙은행총재간 금융

기관 감독을 위한 업무의 통일성을 확보하기 위한 약속이 각국의 금융
감독에 있어서 뿐 아니라 각국에 진출한 외국 금융기관 감독에 관한 기
준으로 발전하고 각국의 금융기관이 거래하는 외국금융기관의 경영 건
전성을 평가하는 기준으로 활용되어 각국의 금융기관의 외국거래상대방
을 제약하는 효과를 가져오는 방식으로 세계 여러 나라의 금융감독 기
준으로 확산되어 사실상의 구속력을 가지게 된 것이다.

　국제노동기준으로는 OECD 다국적 기업 가이드라인이[15] 있다. 노동기
준은 근로조건과 산업관계를 규제하는 규범으로서 각국의 국내법에 의
해 설정되는 이외에 국제적 차원에서 확립되어 있다. 국가의 노동기준은
강제성을 띠고 있으나 국제적 노동기준에는 강제성이 없다. 그러나 이러
한 국제적 기준은 다양한 방법을 통해 각 국가에 사실상 이행을 촉진하
거나 강제하는 효과를 도모하고 있다. OECD 다국적 기업 가이드라인
은[16] 모든 OECD 국가에 적용될 수 있는 일반조항 형식으로 되어 있으

---

14) 1988년 7월 국제결제은행이 국제금융업무를 영위하는 은행에 대하여 차주
　　의 신용리스크에 상응하는 자기자본 보유를 의무화하는 자기자본규제를 위
　　해 도입한 기준이다. 이는 금융시스템의 안정성 제고를 위한 감독기능 및
　　시장규율기능의 강화를 위해 도입한 것으로 이 기준의 도입은 각국의 금융
　　감독당국의 자율에 맡기어져 있으나 실제에 있어서는 국제적인 금융거래에
　　참여하기 위해서는 이 기준에 의한 경영실적을 공시하지 않을 수 없도록
　　시장질서가 형성되어 있다. 2001년 바젤위원회는 G10국가의 경우 새로운
　　BIS기준안을 2004년부터 적용하도록 하고 그 이외의 국가는 자국사정을 감
　　안하여 시행시기를 결정하도록 하는 권고안을 내놓았다.
15) 동 기준에 의하면 다국적 기업은 현지국의 법률, 규정 및 일반적인 노동과
　　고용관행 체제 내에서 노동조합 등 노동자조직의 존중, 노동자조직의 협상
　　참여, 노동자조직과의 합의에 의한 분쟁처리보장 등의 사항을 준수하여야
　　한다.
16) OECD의 1976년 '다국적기업에관한가이드라인'은 강제력이 없는 단순한 권
　　고적 성격의 규범에 지나지 않지만 이것이 오랜 동안 적용되어 옴에 따라
　　다국적 기업을 구속하는 국제관습법의 일부가 되었다고 보는 것이 OECD내
　　부의 결론이다(서헌제, 주117)의 책, 736면). 현재 세계적인 다국적기업이 대
　　부분 모회사를 OECD 회원국 내에 두고 있으며 다국적기업 투자의 상당부

며 이들 조항의 해석과 실제적인 집행은 각국의 법과 규정에 의해서 행해지기는 하나 OECD 국제투자 및 다국적위원회는 가이드라인의 이행상황을 기재한 명세서(clarification)를 작성·배포함으로써 그 이행을 촉진시키고 있다.

2. 모델조약의 제시

금융기관의 부실채권은 크고 작은 차이는 있으나 어느 나라나 경제의 순환 과정에서 발생하게 마련이다. 그러나 대량의 부실채권은 그 나라의 경제발전에 걸림돌이 될 뿐만 아니라 1997년과 1998년에 동아시아, 중남미, 러시아에서 보았듯이 전 세계적인 금융위기로 파급될 수 있다. 이에 따라 부실채권의 정리는 국제기구가 나서서 관련 당사국의 협조를 얻어 해결해야 할 주요 과제로 등장하였다.

이미 개발도상국의 누적 외채를 해결하기 위한 채권국가들의 협의는 1980년대의 중남미 외채 문제를 비롯하여 근자에는 이라크 외채 및 아프리카 지역의 부채 탕감방안에 이르기까지 여러 차례 있었다. 그러나 부실채권정리는 당사국의 국내문제인 경우가 많으므로 법제의 정비에 이를 정도의 구체적인 논의는 이루어지지 않고 있는 실정이다.

현재 유엔 산하의 국제거래법위원회(United Nations Commission on International Trade Law: UNCITRAL)나 사법통일국제협회(International Institute for the Unification of Private Law: UNIDROIT)에서 논의되고 있는 국제협약(convention), 모범법(model law), 법지침(legislative guide)을 보더라도 금융이용을 원활하게 하기 위한 담보제도, 채권양도, 여러 나라에 걸친 도산절차 등에 국한되어 있다.[17] 본격적으로 부실채권 정리에 관한

분이 OECD회원국 내에서 이루어지고 있기 때문에 사실상의 규범력을 가지고 있다.

17) 최근 들어 국제기구에서 제정되었거나 논의된 국제조약 내지 모범법은 다

실체법 내지 절차법적 특례를 규정할 필요가 있다는 논의는 아직 나오지 않고 있다. 그것은 부실채권 문제가 특정 국가의 국내문제로 인식되고 있는 데다 많은 나라가 부실채권의 규모를 자세히 밝히지 않고 있고 이들 당사국이 여러 나라의 지지를 받을 정도로 국제적으로 발언권이 크지 않다는 데 기인하는 것으로 보인다.

만일 부실채권정리에 관하여 국제적으로 모범조약을 체결한다면 모델조세조약(model tax convention)이 좋은 예가 될 것이다.

대표적인 모델조세조약은 UN모델과 OECD모델이 있다. 미국의 경우 자국의 모델조약을 운용하고 있다.

UN 모델의[18] 경우 후진국의 입장을 주로 반영하는 입장에서 채택되었기 때문에 후진국이 양자간 협상에 주로 사용하여 왔으며, OECD 모델의[19] 경우 선진국의 입장을 주로 반영하여 선진국이 주로 사용하여 왔다. 요즈음은 자유시장적 가치가 점차 지배하게 됨에 따라 OECD모델이 많이 사용되는 경향이 있다. OECD 모델도 스스로 발전을 해오면서 후진국의 입장을 반영해오고 있다. 아무튼 이러한 모델조세조약은 각국의 조세조약이 일정한 틀 하에서 상호 이해하기 쉽고 예측가능한 제도로서 발전하는데 결정적인 기여를 해오고 있다. 한편 미국은 자기 스스로의

음과 같다.
  - UNCITRAL: 국제도산에 관한 모범법(1997), 국제매출채권양도협약(2001). 현재 국내도산법제, 담보법제의 조화·통일을 위한 실무작업반회의를 진행 중임.
  - UNIDROIT: 이동장비에 관한 국제담보권 협약(2001).
18) UN 국제경제사회이사회가 조직한 선진국과 개도국간의 조세조약에 관한 국제연합전문가 그룹"은 1979년 12월 선진국과 개도국간의 이중과세방지를 위한 국제연합모델협약'을 발표하였다. 이는 기존의 OECD모델협약을 기초로 하여 선, 진국간의 조세조약이라는 관점에서 이를 수정·보완하는 방식을 채택하였다. 이용섭, 국제조세, 세경사, 1999, 88면 참조.
19) OECD는 1963년 'OECD초안협약'을 발표한 이래 1977년에는 'OECD모델협약'을 발표하였다. 이의 공식명칭은 '소득 및 자본, 조세에 관한 이중과세방지협약'이다.

모델 조세조약을[20) 운영하고 있다. 미국의 모델조세조약은 조약협상 상대방 국가에 매우 큰 영향력을 행사하는 미국의 경제력을 기초로 모델조세조약상의 내용을 관철할 뿐 아니라 외국간의 조세조약에도 그 내용이 반영되는 현상이 나타나기도 한다.

이러한 모델조약은 다음과 같은 특성을 가지고 있다. 모델조세조약의 채택은 의무적이 아니어서 그 채택 여부는 각국 정부가 임의적으로 결정한다. 그러나 모델조세조약은 각국의 조세조약 초안의 작성, 조약체결을 위한 협상의 기체결된 조약의 해석에 있어 유익한 자료를 제공한다. 이러한 방법으로 각국이 체결한 조세조약의 체결과 그 집행이 모델조약을 준거로 하게 되어 있어 모델조세조약은 조세조약의 표준화에 기여하게 되어 있다.

VI. 모델 법령의 전파

이상 부실채권 정리 작업의 국제표준화를 위한 여러 가지 방법론을 고찰하여 보았다. 즉, 상호 정보의 교환, 제도의 소개와 같은 기초적인 협력을 추구함으로써 점차 국가간에 상호 유사하거나 통일된 규범의 제정을 도모하는 방안, 협약과 같은 강제력 있는 국제규범을 제정하는 방안 그리고 별도의 기구 조성을 통해 기준을 정비하고 필요시 재원을 조성하여 상호 지원하는 방안, 국제적인 기준을 마련하는 방안 및 모델협약을 마련하는 방안 등이 그것이다.

이러한 제 방안들은 실현가능성 및 효과 면에서 각각 장단점이 있다

---

20) 미국 재무성에서 발표하는 것으로서 1996년 개정되었다. 이 모델은 미국 정부가 체결하는 조세조약의 협상을 위한 기준이 되고 있다. 재무성과 양원합동조세위원회는 상원대외관계위원회에 조세조약에 관한 기술적 설명(technical explanation)을 함에 있어 모델조약을 준거로 한다.

고 볼 수 있다. 공적 기구간 협력 체제를 구축하는 방안은 실현가능성이 큰 반면 강제성을 가지고 효과적으로 추구하기에는 부족한 점이 많다. 한편, 강제력 있는 국제규범을 제정하는 방안은 표준화를 달성하는 데 있어 매우 효과적이지만 이를 실현하는 데 매우 많은 시간과 노력이 소요될 것이다. 이와 같이 앞서 소개한 제 방안의 문제점을 고려한다면 각국의 경험에 비추어 가장 효과적으로 잘 정비된 법률, 제도, 업무처리관행을 모델로 하여 이를 전파하는 노력을 경주하는 것이 바람직할 것으로 생각된다. 왜냐하면, 실현가능성에 있어서는 각국의 자율적인 수용을 전제로 하는 것이기 때문에 개별적인 사정에 맞게 여러 나라에 자연스럽게 전파될 수 있기 때문이다.

이 방법은 OECD, BIS, IMF 또는 ADB와 같은 기존의 국제기구를 통해서도 추진될 수 있다. 예를 들어, 현재 금융기관의 자산건전성에 대한 기준의 설정에 있어 세계적으로 매우 큰 영향력을 가지고 있는 BIS가 부실채권의 범주를 설정하면서 이와 함께 각종 정리제도를 모델화하여 보급하는 방법을 생각할 수 있다. 예컨대, 금융기관이 보유한 부실채권 정리를 위해 신탁회사에 일정 방법으로 이전한 채권을 건전성 평가를 위한 평점에서 우대할 경우 당해 이전방법은 각국의 금융기관에서 적극적으로 이용될 가능성이 증대될 것이다.

모델법령의 마련을 위해 새로운 국제협의체를 구성할 수도 있을 것이다. 앞의 공적 기구 간 상호 양해각서의 교환이 국제포럼을 통한 다자간 협력으로 발전해 나가는 과정에서 상호 협력 차원에서 모델법령의 개발을 위한 작업을 추진할 수 있을 것이다.

모델법령은 이를 채택한 국가의 성공사례를 통하여 이의 효과성이 입증될 경우 빠른 속도로 전파될 수 있다. 모사하기 용이하기 때문이다. 하지만 이의 강제성이 없기 때문에 각국은 자기에게 편리하고 유리한 부분만을 도입할 가능성이 있으며 그 경우 국제표준화의 효과가 떨어지게 될 것이다.

새로운 국제경제규범으로 인식되고 있는 다자간환경협약이나 ILO의 국제노동기준, 그리고 국제결제은행의 은행자산건전성기준 등이 사실상의 강제력을 가지고 있는 것으로 간주되는 것처럼 부실채권의 기준 또는 정리제도에 관한 법령을 사실상의 강제력을 갖도록 유도하는 방안이다. 좀 더 나아가서는 다자간 조약을 통해 사법적 강제력을 갖도록 하는 방안도 모색될 수 있을 것이다.

또한 조세조약의 경우 상호강제성이 있으며 대부분 국내법과 같거나 우위의 효력이 주어지는 특성을 가지고 있어 국제규범으로서의 의의가 크지만, 모델법령은 각국의 국내법의 변화를 유도하는 성격 때문에 국내적인 요인의 영향을 받을 가능성이 많다.

제3절 국제표준화 추진방안-모델법령의 전파

I. 개 요

모델법령을 전파하는 것이라 함은 앞 절의 마지막 부분에서 언급한 바와 같이 특정 국가가 앞서가는 모범적인 국내법을 시행하고 있는 경우 그것을 모델로 하여 전파하는 방법이다.

이러한 모델법령의 전파는 여러 가지 방법으로 이루어질 수 있는데 부실채권관련법령의 전파에 참고가 될 만한 각국의 모델 국내법의 전파 사례로는 도산법, 제조물책임법[1]과 환경관련법 등을 들 수 있겠다.

비록 외형적인 국제적 기준은 설정되어 있지는 않지만 기업구조조정에 관한 도산법이 국제적으로 통일되어 가는 동향을 다른 사례로 제시할 수 있다.

전술한 바와 같이 광의의 부실채권정리는 채권자로부터 부실채권정리 이외에도 부실기업의 퇴출 또는 구조조정에 관한 것도 포괄한다. 부실기업의 구조조정에 관한 제도로는 우리나라의 도산3법과 한시적인 기업구조조정촉진법이 운영되고 있다. 이와 관련하여 선진외국의 법제동

---

1) 제조물책임이란 제조자 등이 제품의 결함으로 발생한 피해에 대하여 피해자에게 그 손해를 배상하는 손해배상책임의 일종으로, 현행 민사법상의 손해배상책임 요건을 완화하여 제품의 결함에 의한 손해발생시 제조자가 과실 여부에 관계없이 책임을 지는 것(무과실책임제도 도입)을 말한다. 우리나라에서는 제조물책임법의 제정 논의는 1982년부터 있어 왔으나 실현되지 못하다가, 1999년 11월 8일 의원입법으로 제조물책임법 입법안이 국회에 제출되어, 동년 12월 16일 국회본회의를 통과했고 2000년 1월 12일에 제조물책임법이 공포되었지만, 부칙에 의해 2002년 7월 1일부터 시행하고 있다. 제조물책임에 관한 세계적 통일화 경향에 관해서는, 권오승 등, 제조물책임법, 법문사, 2003, 16면 이하 참조.

향을 보면 도산관련법제를 1개의 법으로 통합하는 경향이 뚜렷해지고 있다는 것이다. 우선 UN은 UNCITRAL(UN 국제상거래위원회, United Nations Commission on International Trade Law)에서 model law를 권고안으로서[2] 제시하고 있다. 이는 두 가지 측면에서 그 의의를 파악할 수 있다. 우선 도산관련법을 통합한다는 점이다. 그간 전통적으로 채권자 위주의 개별관련법을 시장중심의 기업구조조정시스템으로 전환하기 위한 목적으로 법제를 개선하면서 관련법을 통합하고자 하는 것이다.[3] UN model law[4]는 각국의 이러한 경향을 반영하고 있다. 다음으로는 국가간 도산관련법의 통일화라는 점이다. 이것은 국가간 기업도산의 경우에 그 의의가 크다. 예를 들어, 도산하는 기업의 채권자가 외국거주자일 경우 임의로 채권자의 권리에 대한 변동을 당해 부실기업 관할 국가의 법으로 변동을 일으킬 수 있는가 하는 점이다. 이에 관한 법제의 통일은 국제적 자본이동에 대한 장애요인을 제거하는데 기여하는 바가 클 것이다.

이와 관련하여 우리나라는 외국의 입법동향을 감안하여 통합도산법을[5] 제정하였다. 이와 동시에 동남아 수개국가들과도 정보의 교환 등을

---

2) 박승두, "통합도산법안의 주요 내용", Jurist, 2003. 9 참조.

3) 미국과 영국은 일반원칙만을 공통적으로 규율하고 개별도산절차에 대해서는 각각 장을 달리하여 독자적으로 규율하는 물리적 통합의 형태를 취하고 있다. 독일과 프랑스는 파산절차 또는 갱생절차를 표준적 도산절차로 하여 도산절차 자체를 일원적으로 운용하는 화학적 통합의 형태를 취하고 있다. 일본은 개별 도산절차를 각각의 개별법에서 별도로 규율하는 형태를 취하고 있으나, 최근 민사소송법의 제정을 계기로 도산법의 실질적인 단일화가 이루어진 것으로 평가되고 있다(백홍기·배성민, "통합도산법 제정과 선진 외국의 사례", prime business report, 2002. 9).

4) UNCITRAL model law on Cross-Border Insolvency(Asian Development Bank, Promoting Regional Cooperation in the Development of Insolvency Reform, 2002, 8).

5) 통합도산법의 내용으로는 절차단순화, 파산법원의 설치, 기업 및 개인의 개선 강조, 채권자보호강화 등이다. 자세한 내용은 본 논문 제3장 제3절 1.부실채권정리제도 참조.

통해 지역 도산법 모델의 마련을 위해 노력하고 있다.

OECD 각국은 제조업자 및 판매업자의 제품판매책임을 강화하는 법률을 제정해오고 있다. 제조물책임법은 국제통상에 있어 영향력이 큰 미국에서 오래 전부터 도입·시행되는 것으로 OECD 각국은 대미국수출기업들의 경쟁력 제고 그리고 국내 수입되는 외국제품에 대한 규제의 필요성 등의 측면에서 외국의 법제를 연구 이를 모방, 수입하는 과정을 거치고 있다.

물론 자국 소비자의 보호를 기본적 목적으로 하고 있음에도 입법의 동기와 그 과정을 볼 때 이러한 배경이 깔려 있음을 무시할 수 없다. 이러한 관점에서 볼 때, 제조물책임법의 전파는 국제기구나 국가간 합의에 의하여 전파된 것이라기보다는 자국의 이해증진을[6] 위한 자발적 모방에 기인한 것이라고 보아야 할 것이다.

국제적으로 영향력이 있는 국가는 무역에 대한 규제를 통해 자국의 환경기준을 외국에 강제함으로써 결과적으로 자국이 채택한 환경기준이 국제표준화 되도록 하는 방법을 자주 사용하고 있다. 미국이 역내 환경문제를 해소하기 위해 상계관세 부과 등 일방적 무역조치를 사용해오고 있는 것이 그 예이다. 미국에서 Enron의 회계부정 사건 이후 회계법인의 공정성문제가 제기되면서 특정 기업의 감사를 수임한 회계법인은 당해 기업에 대해 일반 기업 자문을 하지 못하도록 하는 이른 바 Sarbanes

---

6) EU회원국간 제조물책임법제의 차이는 제조자의 제품비용에 차이를 발생시키고 동시에 EU지역 내에서 제품의 유통을 저해함으로써 EU지역내의 시장통합에 장애가 되었다. 따라서 EU지역 내 시장통합작업의 일환으로 경쟁조건의 동일화, 유통의 촉진, 소비자보호의 관점에서 제조물책임에 관한 통일입법의 필요성이 제기되어 결함제품의 책임에 관한 EU통일지침을 제정하고 각국은 이에 따라 입법을 추진했다. 즉, 제조물책임에 관한 가맹국간 상이한 법률체계를 통일하기 위해 68년부터 통일입법을 연구 검토하여 85년 「결함제품책임에 관한 가맹국의 법률·명령 및 규칙의 통일에 관한 위원회 지침」을 채택하고 이에 따라 모든 가맹국이 동 지침의 내용에 따라 국내법을 정비하는 과정을 거쳤다(권오승 등, 주138)의 책, 17면 이하).

Oxley법이 도입되었다. 이 법의 적용범위는 미국 내 다국적기업을 모회사로 한 외국의 자회사에 대해서도 적용된다. 이는 당해 외국의 자회사가 소재한 국가의 회계법인이 그 자회사에 대해 감사용역을 제공할 경우 기타의 자문용역을 제공하지 못하도록 강제하고 있다. 이는 어떤 국가가 자국의 사정 때문에 도입한 제도가 외국에 파급되어 가는 과정을 보여 주는 좋은 예라 할 수 있을 것이다.

II. 모델법령의 성격

부실채권 정리의 효과성을 높이기 위하여 도입된 부실채권정리제도는 일반적으로 각국의 실체법 및 절차법에 대한 특별법적인 지위를 가지고 있다. 실체법적인 측면에서는 부실채권정리제도는 채권의 우선순위 설정, 중간매체로서 각종 특수회사 또는 신탁제도의 도입, 자산유동화에 관한 제도의 도입 그리고 이에 대한 세제 등 각종 지원 등이 있다. 이러한 특례조항은 기존의 법질서의 안정성을 유지하면서 효과적인 부실채권의 정리라는 목적을 달성하기 위해서 강구된 것들이다.

절차법적 측면에서는 부실채권정리과정에서 발생할 수 있는 법적 분쟁의 해결을 위해 파산, 화의, 중재 등 기존의 법제에 기업구조조정을 촉진하기 위한 채권자회의 및 주주총회(이사회) 결의상 특별절차를 도입하고 소송에 있어서도 신속성을 제고하기 위한 조항을 도입할 수 있을 것이다. 이와 함께 채권정리의 신속성을 도모하기 위한 채권양도절차의 간소화 등도 그 대상이 될 것이다.

이러한 법제화 움직임은 각 국가별로 특별법적인 조항을 많이 둠으로써 기존의 부실채권정리제도로부터 독립적인 제도를 두고 있는 경우와 비교적 적게 두고 기존의 법전통을 대부분 유지하려는 경우가 있으며 이는 나라마다 그 사정이 다르다.

새로이 도입되는 부실채권에 관한 법제가 비록 특별법적인 지위를 가지고 있다 하더라도 서로 다른 법전통을 가지고 있는 국가간에 유사하거나 통일된 제도가 도입되기는 매우 어려운 일이다. 이를 위해서는 스스로의 법전통으로부터 비교적 독립적이면서 효율적인 선진기법 및 제도를 성공적으로 도입한 나라의 법제를 중심으로 모델규범을 제정하여 이를 전파하는 것이 효과적일 수 있다.

전파하고자 하는 규범이 양 당사자간 조약의 성격을 가지지 않고 국내법적인 성격을 지니고 있는 경우 이의 국제표준화에는 장기간의 노력이 소요된다. 각국은 주권의 발동으로 헌법에 기초하여 국민의 대의기관인 법률을 제정한다. 특히, 채권의 회수 및 정리 등에 관한 권리의무관계는 경제적인 것으로서 각국의 법적 전통을 유지함으로써 법적 안정성을 기할 필요가 있다. 그러나 경제의 글로벌화가 빠른 속도로 진전되고 세계가 자본주의적 경제질서로 통일되어 가고 있기 때문에 금융기관이 보유하고 있는 채권의 처리에 관해 외국의 법제를 모방할 필요성은 증대하고 있다. 그러나 획일적인 규범화를 추구하기에는 각국이 처한 입장이 크게 다르기 때문에 실정에 맞는 규범을 채택할 필요성은 여전한 것이다. 이러한 점을 감안할 때 모델조세조약의 사례는 시사하는 바가 있다. 즉, 경제적으로 상대적으로 덜 발달한 노동집약적 국가에서 채택하기 용이한 모델(UN모델)과 반대로 상대적으로 더 발달한 자본집약적 국가에서 채택하기 용이한 모델(OECD모델)이 병행하여 발전하고 있는 것이다. 부실채권정리 법제의 국제표준화에 있어서도 각국의 다양한 법제 중 효율적이라고 평가되는 것을 선택하여 다른 나라가 수용하기 용이하게 개발해 나감으로써 점차 타국에 파급되도록 유도하는 것이 바람직할 것이다. 이로써 단일의 모델규범 대신 복수의 모델규범이 국제표준화를 이끌게 되는 것이다.

한편 보다 근본적인 관점에서 과연 모델법령을 도입하고 전파하기 위한 노력이 필요한가를 재검토할 필요가 있다. 각국의 기존 제도와 어느 정도의 상충이 불가피한 모델법령을 도입하는 과정에서 초래하는 비용을 감안할 때, 모델법령으로 얻는 경제적 이익이 이를 능가하는 것은 당연한 요청이다.

투자자들은 외국에 투자하는데 있어 평가기관, 법무법인, 회계법인 및 컨설팅법인의 도움을 받는다. 만약 투자하고자 하는 외국의 제도가 완전히 자국의 제도와 같은 경우라면 절약할 수 있는 비용은 어느 정도가 될 것인가를 연구해볼 필요가 있다. 이는 같은 조건의 입찰에 응하는 국내투자자와 외국의 투자자가 지출하는 비용을 비교하는 방법으로 검토가 가능할 것이다. 국내투자자의 경우에도 평가기관, 법무법인, 회계법인 및 컨설팅법인 등의 도움을 받지 않을 수 없는 현실을 감안할 때 각국의 국내법령의 통일에 따른 직접적인 경비절감효과는 그리 큰 것이 아닐 수도 있는 것이다.

그러나 공통적인 법제가 갖는 이익을 단순히 개별 투자자의 경비지출을 비교함으로써 평가하는 데는 무리가 있다. 부실채권상품에 대한 외국투자자의 인지도를 높이고 이로써 투자저변을 확대함에 따라 얻을 수 있는 효과는 더욱 클 것이기 때문이다. 많은 투자자가 양질의 정보를 보다 손쉽게 구할 수 있게 된다면 자금의 공급이 증가함에 따라 이자율이 내려가는 것과 같이 부실채권을 매각하는 기관의 입장에서는 매우 긍정적인 결과를 얻을 수 있을 것이기 때문이다.

한편 부실채권상품에 대한 외국투자자의 인지도를 높이고 이로써 투자저변을 확대하는 데에는 모델법령을 전파하는 것 이외에 효과적인 방안이 없는가 하는 문제가 있다.

Ⅲ. 모델법령의 내용

1. 개 요

구체적 모델을 마련하는데 있어서 어느 한 나라의 제도에 전적으로 의존하는 것보다는 각국의 제도를 다각적으로 연구하여 하나의 모자이크법을 구성하는 것이 바람직할 것이다. 각국의 상이한 여건을 최대한 감안하여 어느 나라에도 비교적 용이하게 적용할 수 있는 제도를 모색하는 것이다. 그러나 이는 현실적으로 각국의 서로 다른 법전통 및 경제여건에 효과적으로 부합하기에는 한계가 있을 것이다. 이러한 점을 감안하여 모델법령을 복수로 준비하여 도입하는 나라가 자기에게 적합한 것을 채택하도록 하는 것도 좋은 방법일 것이다. 전술한 부실채권시장의 발전단계별로 법령을 준비하는 것이 그 예이다. 다만 이 경우에도 국제투자자의 입장을 위해 고려하여야 할 사항은 공통적으로 반영되어야 할 것이다.

실제에 있어서 모델법령으로 보아 각국에 전파할 가치가 있는 것으로 판단되는 제도는 그간 제도운영의 결과가 비교적 성공적인 국가의 것일 것이다. 한국, 말레이시아 또는 미국의 제도는 이러한 점에서 본받을 만한 가치가 있는 것이다. 이들 제도의 공통점은 정부 또는 공적기구가 강력한 권한을 가지고 공적자금을 활용하여 부실채권을 신속하게 정리하고자 하였다는 점이다. 이러한 접근방법은 부실채권시장의 형성·발전단계로 보아 제2단계 내지 제3단계에 해당하는 것으로 완숙한 시장의 기능에 의존할 수 없는 특수한 상황을 전제로 하는 경우일 것이다. 특히 말레이시아의 국내법은 부실채권처리의 신속성과 효과성을 위해 절차와 권리의무관계에 큰 폭의 특례를 설정한 입법례로서 기존의 법체제가 서구자본주의의 금융시장의 그것과 상이한 국가에서 국내외자본의 유입을 촉진하여 부실채권을 정리해야 할 상황에 처해 있는 국가에 있어서는 매우 유용한 것이 될 것이다.

모델법령의 내용으로서는 부실채권의 기준과 범위에 관한 사항, 부실채권정리 재원의 마련을 위한 제도 마련 및 각종 절차의 단순화 및 통일에 관한 사항들 일 것이다.

다만 이러한 모델법령의 마련에 있어서 고려해야 할 점은 한 나라의 법제에 있어서도 일반법과 특별법간의 법목적의 차이 때문에 이를 적절히 조화하는 것이 주요한 과제가 되어 있는 것과 마찬가지로 모델법령의 마련에 있어 각국의 기존법제와 개별적 여건과 어떻게 조화토록 하게 하느냐 하는 것이 문제가 될 것이다. 이를 위해서는 각 조항별로 각국의 여건을 감안할 수 있는 별도의 유보장치를 제시하는 것도 유용한 방법이 될 수 있을 것이다.[7]

2. 구체적인 내용

1) 부실채권 전담기구의 설치

우리나라의 경우 1997년 경제위기를 겪는 과정에서 발생한 대규모의 부실채권을 민간부문이 처리하기에는 한계가 있다는 인식에 따라 정부주도의 구조조정기구 설치 필요성이 제기되었다. 이에 따라 1997년 8월 22일 자산관리공사법을 제정하여 한국자산관리공사를 부실채권정리 전담기구로 확대·개편하였다. 말레이시아의 경우 채무자에 관용적인 제

---

7) 이에 대한 좋은 예가 OECD 모델조세조약에 있어서 유보조항(reservations)에 관한 것이다. OECD 회원 각국은 가급적 자국의 입장을 굽히고 모델의 입장을 따라 개별조세조약을 체결하되 특히 이를 수용하지 못할 것으로 판단되는 경우에는 미리 모델조세조약주석(model tax treaty commentary)에 국가별 유보조항(reservations)을 붙여 향후 자국의 조세조약체결과 그의 해석에 있어 입장을 분명히 하고 있다.

도적 여건은 1997년의 금융 위기로 발생한 대규모의 부실채권을 효과적으로 신속하게 정리하는데 장애가 되었다. 이에 따라 1998년 6월 20일 다나하르타법을 제정하여 국내 공적기구인 다나하르타로 하여금 적극적인 개입과 공적자금의 동원을 통해 부실채권을 신속히 처리하기 위한 방식을 모색하였다. 다만 다나하르타는 우리나라 자산관리공사와는 다르게 인수한 자산을 매각하는 데 중점을 두는 것이 아니라 가치회복을 위한 관리 즉, 구조조정 업무에 중점을 두었다.

2) 부실채권 전담기구에 의한 부실채권 처리시 기존 민사법 체계의 예외 인정

(1) 경매를 통한 부실채권 매수 시 담보제공 간소화

우리나라의 경우 은행이 부실채권의 만족을 위해 담보물권이 설정된 부동산을 경매에 의해 매각할 경우에는 기존의 민사집행법에 따르면 한국자산관리공사가 매수신청인이 되는 경우에 집행법원이 정하는 금액과 방법에 맞는 보증을 집행관에게 제공하여 하겠지만, 한국자산관리공사의 경매를 통한 매수절차를 간소화하기 위해 지급확약서를 담보로 제공할 수 있게 하고 있다(자산관리공사법 제45조).

(2) 부실채권 매수 시 경매절차 생략

말레이시아의 경우 은행이 부실채권의 만족을 위해 담보권이 설정된 부동산을 경매하는 경우 우리나라처럼 매수신청인이 보증을 제공하여야 하는지 여부에 대해서는 불분명하고, 다나하르타법에서 우리나라처럼 보증 제공을 간단하게 하는 방법을 따로 규정하고 있지는 않다. 그러나 은행은 경매라는 절차 없이 은행과 다나하르타 사이의 합의만 있으면 채무자인 저당부동산의 소유자동의 없이도 저당부동산을 다나하르타가 취득할 수 있게 하고 있다(다나하르타법 14조(4b)).

(3) 부실채권 매수 시 지명채권양도의 대항요건 인정의 간소화

우리나라의 경우 부실채권을 은행으로부터 한국자산관리공사가 매입하는 경우 기존의 민법상 채권양도의 법리에 따르면 채무자에게 통지하거나 채무자가 승낙하여야 대항요건을 갖추게 되어있으나, 부실채권 처리를 원활화하기 위해 저당권이전의 부기등기를 마치면 대항요건인 통지 또는 승낙이 있다고 보고 있다(자산관리공사법 44조). 한국자산관리공사에서 최종적인 부실채권 인수자에게 부실채권이 양도되는 경우에도 저당권이전의 부기등기가 마쳐지면 별도 채무자의 통지 또는 승낙이 없더라도 대항요건을 갖춘 것으로 볼 수 있다.

말레이시아의 경우 부실채권을 은행으로부터 다나하르타가 매입하는 경우 기존의 민법상 채권양도의 법리에 따르면 채무자에게 통지하거나 채무자가 승낙하여야 대항요건을 갖추게 되나 부실채권 처리를 원활화하기 위해 차입자등 당해 채권에 대한 모든 이해관계자는 다나하르타의 매입에 동의한 것으로 간주하여 별도 채무자의 통지 또는 승낙이 없더라도 대항요건을 갖춘 것으로 본다(다나하르타법 제14조(4b)). 다만 제3자에게 대항하기 위해서는 취득증서의 발급이 있어야 한다. 취득증서의 제시만 있으면 저당부동산에 대해 저당권자가 은행에서 다나하르타로 변경된다. 등기상 저당권자의 변경이 있어야 대항요건을 갖춘 것이 아니라 채권의 양도인과 양수인의 합의만 있으면 채권양도의 대항요건을 당연히 갖추게 된다고 하는 점, 저당권자의 변경이 취득증서에 의해 간단히 된다는 점에서 우리나라와 차이를 보이고 있다.

(4) 부동산 인수절차의 간소화

우리나라의 경우 부실채권 또는 부실자산의 매입절차에 대한 특례의 하나로서 공사가 업무를 수행하기 위하여 인수한 부동산에 대하여는 계약서 등의 검인에 대한 특례와 검인신청에 대한 특례의 적용을 받지 않아 검인의 절차가 생략된다.

(5) 인수자산 매각시 통지·송달의 특례 인정

우리나라의 경우 한국자산관리공사가 담보물권이 설정된 채권을 양도라는 형식으로 매각하지 않고 담보권 실행을 통한 경매에 의해 부실채권의 만족을 얻으려 하는 경우에는 기존의 민사집행법의 법리에 따르면 채무자에게 하는 통지 또는 송달은 채무자에게 도달함으로써 효력이 발생할 것이나, 한국자산관리공사에 의한 부실채권의 조기회수를 인정하기 위해 "도달"함으로써가 아니라 "발송"함으로써 효력이 발생한다(자산관리공사법 제45조의 2 제1항).

(6) 인수자산 매각 시 경매절차 생략

말레이시아의 경우 채무자인 기업이 회생가능성이 없다고 판단되면 법원의 경매절차 없이 다나하르타가 바로 담보부동산을 직접 처분할 수 있다. 우리나라처럼 담보권 실행을 통한 경매 시 채무자에게 하는 통지 또는 송달을 "도달"함으로써가 아니라 "발송"함으로써 효력이 발생한다고 하여 한국자산관리공사에 의한 부실채권의 조기회수를 인정하는 것보다 더 강력하게 다나하르타의 채권자 지위를 인정하고 있다. 공적정리기구에 의해 부실채권을 처리하는데 있어 말레이시아는 법원의 경매 없이 바로 매각할 수 있다는 점에서 말레이시아는 우리나라와 비교하였을 때 강력한 부실채권정리제도를 실시하는 것으로 평가받고 있다. 우리나라의 경우 부실채권도 일반채권의 일종이기 때문에 원칙적으로 채권자가 국가의 개입 없이 바로 자력행사를 하는 것이 허용되지 않는다는 점에서 보면 말레이시아의 경우는 부실채권에 채권자의 자력행사가 허용되는 조세채권과 같은 채권자에게 강한 법적 지위를 인정한다고 할 수 있다.

(7) 부동산처분 촉진

우리나라의 경우 자산관리공사는 취득한 부동산이 행정상 제한이 있거나 용도상 제약 등으로 매각에 장애가 있는 경우 이용가치의 보전·증대에 필요한 조치를 취할 수 있으며, 취득대상 부동산의 이용가치의 보전·증대를 위하여 필요한 경우에는 그 인접 부동산을 함께 매입할 수 있다.

3) 부실채권 분류기준

각 나라의 부실채권분류기준을 통일하도록 정부 또는 부실채권정리기구간 협의를 통해 통일적인 기준의 정립과 그의 집행에 관한 규정을 도입할 수 있을 것이다. 우리나라와 말레이시아 등 각국의 부실채권 분류기준은 제2장 제1절에서 상세히 논하였으므로 여기서는 구체적으로 비교하기 위한 언급은 생략한다.

4) 자산유동화에 관한 제도 도입

우리나라의 경우 기존의 매각방식인 공매나 경매를 통한 매각만으로는 금융기관으로부터 매입한 대규모 부실채권의 조기매각에는 한계가 있었기 때문에 1998년 9월 16일 자산유동화법의 제정을 통해 부실채권 정리를 위한 자산유동화방식을 도입하였다. 다만 말레이시아의 경우 다나하르타가 자산관리회사에서 발행한 유동화증권으로서는 최초로 2001년 12월 RM310 백만 규모의 자산유동화증권을 발행하였지만 이의 발행을 위해 별도의 특별법이 제정되지는 않았다.

5) 각종 특수회사의 도입

우리나라의 경우 기업구조조정을 원활히 함으로써 결과적으로 금융기관의 부실채권정리에 기여하는 목적으로 산업발전법상 벌처펀드 또는 벌처캐피탈에 해당하는 기업구조조정전문회사(CRC)제도를 도입하였다. 말레이시아는 이러한 역할을 다나하르타법에 의하여 다나하르타에 부여하고 있다. 다나하르타는 특별관리(Special Administration)의 권한에 의거하여 부실기업의 경영을 통제하고 기업가치를 증대시키는 역할을 한다.

또한 우리나라의 경우 「기업구조조정투자회사법」에 근거하여 채권금융기관이 보유한 약정체결기업(워크아웃기업)의 부실자산을 결집시키고 자산운영을 전문자산관리회사에 위탁시키는 명목상의 주식회사인 기업구조조정투자회사(CRV)제도를 도입하였다. 말레이시아에 있어서는 기업채무조정위원회가 이와 유사한 역할을 하고 있다. 다만 동 위원회는 회사의 형태를 빌리지 않고 있으며, 설립에 관해 별도의 특례규정이나 자본금이 소요되지 않는 점에 차이가 있다.

6) 금융기관간 자발적인 협약에 의한 부실채권 정리

우리나라의 경우 기업개선작업의 일환으로 기업구조조정촉진을 위한 금융기관협의회를 통해 금융기관간 자발적인 협의에 의해 채무조정작업을 전개하였다. 구체적인 기업구조조정협약은 1998년 6월 발효되어 2000년 12월을 시한으로 하였다.

7) 채권 금융기관간의 시장 규칙의 법조문화

우리나라의 경우 금융기관간(특히, 채권금융기관간) 자율적인 합의를 이루기 어렵고 구조조정과정에 참여하여 손실을 함께 부담하기보다는 무임승차를 통하여 자신의 이익만을 찾으려는 기관이기주의가 우려되는 상황 하에서, 상시적인 기업구조조정이 신속하고 효율적으로 이루어질 수 있도록 채권 금융기관간의 시장 규칙을 법조문화한 「기업구조조정촉진법」이 입법화 되었다. 채권금융기관을 중심으로 한 관리체제를 강화하기 위해 적용대상 금융기관의 확대, 채권매수 청구권의 도입, 손해배상청구 규정, 우선변제권 부여, 기타 사후관리를 강화하여 채권 결집상의 어려움을 상당부분 해소하였다.

제4절 기대되는 성과

모델법령을 제시하는 방안은 이를 수용하는 나라의 여건에 따라 선택적으로 할 수 있는 특징이 있다. 또한 모델법령은 여러 국가의 경험을 모자이크하는 방식으로 개발되는 것이 현실적이다. 이러한 특징은 모델법령을 마련하는 과정에서도 특정 사안에 있어서도 가능한 여러 가지 제도를 동시에 선보이도록 함으로써 각국의 형편에 가장 적합한 제도를 선택하도록 할 수 있는 장점이 있다. 이는 다른 한편으로 특정 사안에 있어 획일적인 내용의 제도가 도입되도록 함으로써 국제적인 표준화를 도모하여야 한다는 관점에서 볼 때, 일정한 한계를 의미한다. 따라서 경제적 여건이 확연히 다른 국가간의 제도를 하나로 수렴하는 데는 어려움이 뒤따를 것이다. 부실채권정리제도가 금융제도의 하나로서 선진금융국가의 제도를 확산하는 것이 글로벌화된 세계의 하나의 경향이라고 볼 때, 부실채권정리제도로서 본 책에서 제시하고자 하는 모델법령이 구미국가의 예와 크게 차이가 나는 것은 특기할 만하다. 이는 부실채권정리를 위해 정부가 시장의 작용에만 의지하지 않고 적극 개입하여야 한다는 것이 본서에서 제시하고자 하는 부실채권정리제도의 핵심의 하나이기 때문이기도 하다.

그러나 이러한 논지는 부실채권 정리를 위한 국제적인 노력의 모든 분야에 걸쳐 타당한 것은 아니다. 예를 들어, 부실채권분류기준과 같은 것은 금융선진국과 후진국에 차별 없이 공통적으로 적용되어야 할 것으로서 모델법령에도 포함될 수 있을 것이다.

모델법령이 갖는 이러한 복합적인 성격에도 불구하고 모델법령은 실제에 있어 금융시장의 발전이 미흡한 개도국이나 체제전환국에 적용될 때 그 효용이 클 것이다. 예를 들어, 중국, 동구 및 Russia 국가와 같은 체제전환국의 경우 서구적인 금융제도가 이제 막 도입되어 운용되고 있어 부실채권의 발생가능성도 매우 높을 뿐 아니라 부실채권정리에 기여하는 시장기능도 초보적인 단계에 머물고 있어 정부의 적극적인 관리와 개입이 필요할 것이기 때문이다. 특히 중국의 경우 경제성장이 급속하게 이루어지는 만큼 위험사업에 진출하는 기업도 증가하고 부실채권이 증가할 것은 쉽게 미루어 짐작할 수 있을 것이며, 이러한 사정은 앞서 자세히 논한 바 있다. 또한 멀지 않아 북한에 있어서도 자본주의적인 경제질서가 확산될 가능성이 매우 높은 상황에서 부실채권정리법제의 도입 필요성이 자연스럽게 제기될 것이다.

모델법령을 도입하는 방안은 앞서 각 방안에 대해 언급하면서 지적한 바와 같이 여러 다른 방안과 동시에 적용될 경우 부실채권정리의 국제표준화 및 정리의 효율성 제고에 크게 기여할 것으로 기대된다. 각 방안이 상호배타적인 것이라기보다는 상호보완적인 것이기 때문이다. 그리고 부실채권정리제도의 국제표준화는 그 영역에 있어서도 기업구조조정제도의 국제표준화와도 상호 밀접한 관계를 가지면서 발전해 나갈 수 있으므로 다양한 방식으로 추구해 나갈 수 있을 것이다.

제5장 국제표준화 활성화 방안

　금융위기의 형태는 각국의 여건에 따라서 다소 차이가 있지만, 부실채권 정리를 성공적으로 마무리한 국가들의 공통점은 대략 아래와 같이 정리해 볼 수 있다.

　첫째 금융위기 극복과정에서 부실채권 정리를 국가 최우선 과제로 설정하고 적극적으로 대처하였다.

　둘째 부실채권 정리 전담기관인 자산관리회사를 설립하였다. 특히 부실채권시장의 인프라가 조성되어 있지 않은 경우는 공적 자산관리회사를 설립하였다.

　셋째 부실채권의 매입, 처리 및 구조조정에 관련한 법적 권한과 기능을 부여하였다. 조속한 처리를 위한 특별법의 지위를 부여하였다. 따라서 한시적 기관으로 설립하는 경우가 일반적이다.

　넷째 특히 부실채권을 부실 금융기관으로부터 매입(인수)하는 자금을 지원하기 위해 별도의 공적자금을 조성하여 투입시켰다.

　다섯째 다양한 매각기법 및 대량 입찰 매각을 적극 활용하였다.

　각국의 부실채권정리에 관한 법제는 일종의 공법에 속하여 경제정책적인 판단과 함께 정치적인 고려가 반영된 결과물이다. 부실채권정리에 관한 어떤 아이디어나 법제가 표준화됨으로써 얻을 수 있는 실익이 아무리 큰 경우라 하더라도, 현실적으로 이러한 제약요인을 극복하는 데에는 한계가 있을 것이다. 이러한 관점에서 부실채권정리법제의 국제표준화는 이를 수용해야할 국가, 관련 대상 분야 등이 복합적으로 고려되어 추진되는 것이 바람직할 것이다.

앞에서 검토한 여러 대안은 이행가능성 및 실효성에 나름대로의 장단점이 있다. 그러나 무릇 어느 분야든 국제표준화에는 상당한 시일과 국제적인 협력이 요구된다는 점에 유의하여야 한다.

그간 태국에서 시발된 1997년 외환위기를 극복해 나오는 과정에서 동아시아 각국은 나름대로 각국의 사례를 참조해 가면서 자국에 가장 적합한 제도를 도입하고자 노력해왔다. 그러나 보다 많은 투자자를 끌어들여 제값을 받고 부실채권을 정리하기 위하여는 경쟁적인 요소를 확대하는 시장기반 정비작업이 필요한 것도 사실이다.

또한 부실채권정리제도는 일부 국가에서 관련 공적기구가 비록 한시적으로 운영된 사례가 있기는 하지만, 비상시에 대비하여 유지해야 할 금융안정을 담보하는 필수적인 제도이다. 이를 위해 각국의 제도를 상호 이해하기 쉽고 신뢰할 수 있는 수준으로 끌어 올리는 장기적인 노력이 필요하다.

이러한 전제 하에서, 부실채권정리 관련 법제의 국제표준화는 다음의 두 가지 방향에서 모색할 수 있다.

첫째는 자국의 부실채권정리에 있어서 성공적 성과를 거둔 국가의 제도와 경험을 공유하도록 하는 방법이다. 성공한 국가의 제도를 국제 모델화하여 러시아와 중국과 같은 체제전환국이나 태국 등의 신흥시장경제국가와 일본과 같이 부실채권정리법제의 도입에 소극적인 국가에 컨설팅을 제공하는 등, 전파하도록 하는 것이다.

둘째는 국제금융 및 자본시장에 있어 부실채권에 대한 투자여건을 개선하는 방법이다. 부실채권은 그 속성상 범위의 설정, 정부개입의 정도 및 자본의 유출입에 대한 규제 등에 있어 나라마다 상이한 제도를 가지고 있기 때문에, 외국투자자가 시장에 참여하는데 적지 않은 애로가 있다. 이를 개선하기 위해 투자자가 이해하고 접근하기 용이한 법적·제도적 장치를 마련하는 것도 중요한 의미가 있다.

또한 국제표준화에 있어서 중요한 과제중의 하나가 각국의 고유한 규제를 인정하는 문제와 어떻게 조화할 것인지가 문제가 된다. 국가간 상이한 금융 규제의 조화를 위한 현실적 방안으로는 각국 정부가 상대국 정부의 규제를 일방적으로 인정하는 것뿐만 아니라 양자간 협의 또는 다자간 협의를 통해 상호 인정하는 등 국제적인 협력이 매우 긴요하다고 생각한다.

지금까지의 국제표준화의 추진 사례를 살펴보면, 대부분의 경우 일부 지역 또는 국가에서 먼저 형성된 법제나 사례가 점차 다른 국가나 지역으로 전파되는 경로를 따르고 있다. 국제적 기준의 자율적 수용을 유도하는 과정을 살펴보면, OECD의 환경에 관한 각료회의 절차 지침처럼, 정부간 상호협조의 절차를 미리 기준으로 설정하는 경우가 있다. 각국에 소재하는 정부기관이나 민간기관이 준수하여야 할 업무의 기준을 설정하는 경우로는 국제결제은행(BIS)의 자기자본비율, OECD의 국제적 노동기준을 들 수 있다. 또한 모델조약을 각국가간 체결할 조약의 기준으로 제시하는 경우로서는 모델조세조약을 들 수 있다. 대표적인 모델조세조약은 UN모델과 OECD모델이다.

기업구조조정에 관한 도산법제를 국제적으로 통일하려는 작업이 UNCITRAL, IBRD 등의 국제기구를 중심으로 진행되고 있다. 최근 선진 외국의 법제 동향을 보면, 도산 관련 법제를 1개의 법으로 통합하는 경향이 뚜렷해지고 있다. 우선 UN 국제상거래위원회에서 모델법령을 권고안으로서 제시하고 있는데. 다음 두가지 측면에서 그 의의를 파악할 수 있다. 우선 도산관련법을 통합한다는 점이다. 그간 전통적으로 채권자 위주의 개별관련법을 시장중심의 기업구조조정시스템으로 전환하기 위한 목적으로 법제를 개선하면서 관련법을 통합하고자 하는 것이다. 다른 측면에서의 의의는 도산법제의 통일은 국제적 자본이동에 대한 장애요인을 제거하는데 기여하는 바가 클 것이라는 점이다.

강제력 있는 양자간 또는 다자간 협약의 체결도 국제표준화의 또다른 사례이다. 국제적 기준을 협약을 통해 국제표준화한 사례로서는 국제 환경기준 설정에 관한 환경협약과 노동기준에 관한 ILO협약을 들 수 있을 것이다.

한편 부실채권시장에의 참여자를 크게 공급자와 수요자로 분류하여, 각 부문별로 국제표준화의 가능성에 대해 살펴 볼 필요가 있다 하겠다.

공급자 측면에서 국제협력 및 표준화가 가능한 것으로서, 우선 부실채권 분류기준을 국제기준에 통일시키는 노력과 함께 이에 대한 심사체계 확립이 필요하다고 생각한다.

더 나아가서는 기업 및 금융회계기준을 국제적 일반회계 원칙에 근접시키는 노력이 요청된다. 증권화된 부실채권을 자산유동화증권의 형태로 국제적으로 발행하고 유통시킬 수 있다면 부실채권의 정리는 보다 활성화될 것이다. 신용등급의 평가와 신용의 보강에 있어서는, 외국인의 이해를 최대한 끌어내는 제도적 장치를 마련하는 일이 중요하다. 신용등급평가의 국제화 및 신용보강제도의 발전은 우리나라의 투자자가 외국에서 발행된 자산유동화증권에 적극 투자할 수 있도록 하는 길이 될 수도 있다.

등록 또는 공시된 정보에 대한 국제적 신뢰도가 증가할 경우 증권화된 부실채권이 기존 각국의 유가증권시장에 상장될 수도 있을 것이다.[1] 또한 국제입찰에 있어 응찰비용을 최소화하도록 그 절차를 표준화하고, 자산의 실사에 따르는 비용을 줄일 수 있도록 부실채권 보유기관의 부실채권 매입시 활용한 정보가 제공되어야 한다.

투자자 입장에서 최종 수요자가 외국자본일 경우 이들의 국내투자에 걸림돌이 되는 각종 규제의 완화가 또한 주요 이슈가 될 수 있다. 예를 들면, 외국환거래에 대한 규제를 완화하고 외환시장의 안정성 확보를 위해 제도를 정비하는 것 등이 그 과제중의 하나라 할 수 있다. 이를 위해

---

1) 자산관리공사 발행 자산유동화증권 중 공모를 위해 Luxemburg Stock Exchange에 상장된 것이 있다.

서는 기본적으로 개별매각의 방법보다는 증권화를 통해 다수 투자자의 참여를 유도하는 장기적 노력이 필요하다.

부실채권정리제도는 규제법의 일환으로서 일반적인 규제법이 갖고 있는 가치의 상충문제를 공통적으로 가지고 있다. 즉, 부실채권정리의 효과성과 신속성을 제고하기 위해서는 절차에 있어 획일성 및 단순성을 추구하는 한편으로, 관련 당사자의 권익보호 및 법적 안정성 추구 차원에서는 관련 절차의 집행상 신중을 기해야 할 것이기 때문이다.

부실채권정리는 시장을 통해 정리하는 것이 바람직하다. 기본적으로 시장의 형성은 시장자율에 의하는 것이 바람직하며 정부는 시장의 형성에 도움이 되는 여건을 조성하는 역할을 수행해야 한다. 시장에 관한 규범을 강행규범화하는 범위는 가급적 최소화하는 것이 바람직하다.

이러한 관점에서 볼 때 부실채권정리제도를 각국에 공통적으로 적용되는 강행규범화하는 것은 금융 및 경제의 논리에 비추어 볼 때 실효성이 떨어지는 측면이 있다. 따라서 이 방안의 현실적인 수용가능성이 희박하다고 보아야 한다.

다만 투자자의 권리구제, 상호협력 및 정보교환 등에 관하여는 현실적으로 이를 강행규범화하는 것도 가능할 것이다. 강제력있는 국제표준화의 도입이 가능한 분야로서 유동화증권의 공시 또는 등록에 관한 사항을 들 수 있겠다. 이러한 여러 가지 국제표준화의 방안은 효과성 및 실현가능성에 있어 각각의 장단점을 가지고 있다. 이러한 관점에서 볼 때 모델법령의 전파방식은 효과성과 실현가능성에 있어 긍정적인 측면이 많은 방법으로 판단된다.

부실채권 정리의 효율성을 높이기 위하여 도입된 부실채권정리제도는 일반적으로 각국의 실체법 및 절차법에 대한 특별법적인 지위를 가지고 있다.

새로이 도입되는 부실채권에 관한 법제가 비록 특별법적인 지위를 가지고 있다 하더라도 서로 다른 법전통을 가지고 있는 국가간에 유사하거나 통일된 제도가 도입되기는 매우 어려운 일이다. 이를 위해서는 스스로의 법전통으로부터 비교적 독립적이면서 효율적인 선진기법 및 제도를 성공적으로 도입한 나라의 법제를 중심으로 모델규범을 제정하여 이를 전파하는 것이 효과적일 수 있다.

구체적 모델을 마련하는데 있어서 어느 한 나라의 제도에 전적으로 의존하는 것보다는 각국의 제도를 다각적으로 연구하여 하나의 모자이크법을 구성하는 것이 바람직할 것이다. 각국의 상이한 여건을 최대한 감안하여 어느 나라에도 비교적 용이하게 적용할 수 있는 제도를 모색하는 것이다.

실제에 있어서 모델법령으로 보아 각국에 전파할 가치가 있는 것으로 판단되는 제도는 그간 제도운영의 결과가 비교적 성공적인 국가의 제도일 것이다. 한국, 말레이시아 또는 미국의 제도는 이러한 점에서 본받을 가치가 있는 것이다. 이들 제도의 공통점은 정부 또는 공적기구가 강력한 권한을 가지고 공적자금을 활용하여 부실채권을 신속하게 정리하고자 하였다는 점이다.

특히 말레이시아의 국내법은 부실채권처리의 신속성과 효율성을 위하여 절차와 권리의무관계에 큰 폭의 특례를 설정한 입법례로서, 기존의 법체제가 서구자본주의의 금융시장의 그것과 상이하지만 국내외자본의 유입을 촉진하여 부실채권을 정리해야 할 상황에 처해 있는 국가에 있어서는 매우 유용할 것으로 생각된다.

끝으로 한 가지를 첨언한다면, 말레이시아나 우리나라의 부실채권정리 제도나 운영 경험은 통일 후에 북한 기업의 사유화 내지 북한 경제의 재건 작업에 많은 기여를 할 수 있을 것으로 생각되며, 이 문제에 대하여 앞으로 깊은 관심을 갖고 연구 발전시켜 나갈 필요가 있다고 생각된다.

<참 고 문 헌>

1. 국내문헌

강호성, "FDIC와 RTC의 자산매각과 시사점", KDIC 금융연구, 예금보험공사, 2000. 4

______, "FDIC와 RTC의 자산매각과 시사점", KDIC 금융연구, 예금보험공사, 2000. 4

권오승 외, 제조물책임법, 법문사, 2003

권오승, 경제법, 법문사, 2002

금융감독원 은행감독국, 바젤위원회의 새로운 자기자본규제(안), 2001. 4

김건식·남효순, 「금융거래법강의」, 법문사, 1999. 3

김경수, 정은보 외, 「공적자금운용에 관한 외국사례 분석」, 2001. 11

김은기, "기업구조조정촉진법의 주요 내용과 특징", Jurist, 2001. 12

김재형, "「자산유동화에관한법률」의 현황과 문제점", 민사판례연구, ⅩⅩⅢ, 2001. 2

김정렬, "개발도상국의 금융위기발생에 관한 연구", KDIC 금융연구, 예금보험공사, 2002. 3

김형태·박용서, 벌처펀드(Vulture Fund)의 투자전략 분석, 한국증권연구원, 1998

이형근, "일본의 부실채권 처리와 향후전망", 대외경제정책연구원, 2002. 3

박승두, "통합도산법안의 주요 내용", Jurist, 2003. 9

박　훈, "부동산투자회사에 있어서 이중과세 조정문제-법인소득과 배당소득의 이중과세 조정을 중심으로", 조세법연구 Ⅸ-1, 세경사, 2003. 7

______, "주택저당채권담보부증권(MBS)의 법리와 세제", 조세법연구 Ⅶ, 세경사, 2001. 11

______, "주택저당채권담보부증권(MBS)의 법리와 세제", 조세법연구 Ⅶ, 세경사, 2001. 11

박훤일, "금융기관 자산·부채 이전의 법률문제", 산업경제, 1998. 7

______, "미 금융산업의 개편과 정리신탁공사의 역할", 산업경제 105호, 1998

______, "자산유동화(ABS)에 의한 프로젝트 파이낸스의 유의점", 경희대 국제
　　　　법무연구, 1998. 12

______, "UNCITRAL 제36차 본회의 참관기", 경영법무, 2003. 8

______, 對北투자진출 기업에 대한 금융지원 방안, 2003. 12

백홍기·배성민, "통합도산법 제정과 선진 외국의 사례", prime business report,
　　　　2002. 9

산업연구원, 북유럽3국의 금융부실채권 처리사례, 1998. 12

삼성경제연구소, 일본금융기관의 부실처리 전망, 2003. 3. 11

서헌제, 국제경제법, 율곡출판사, 1996. 2

손영환, "일본의 부실채권처리 가속화 방안과 전망", 국제금융센터, 2002. 10

예금보험공사, "미국 RTC에 의한 부실 저축대부조합 처리", 조사정보 99-3,
　　　　1999

______________, FDIC의 부실은행 정리사례, 1999

이미현, "자산유동화에관한법률에대한고찰", 인권과 정의 제275호, 1999. 7

이상영, "금융위기와 RTC 역할", 자산 디플레이션 부동화 증권화, 한국 건설
　　　　산업연구원, 1998

이용섭, 국제조세, 세경사, 1999

이윤재, 강봉구, "중국부실금융기관의 처리사례와 국내은행의 대응방안",
　　　　산은조사월보, 1999. 4

자산유동화 실무연구회, 금융혁명 ABS - 자산유동화의 구조와 실무-, 한국
　　　　경제신문사, 1999

재정경제부, 제조물책임법의 제정 배경과 주요 내용, 2001. 10

재정경제부·공적자금관리위원회, 공적자금관리백서, 2003. 8

재정경제부·금융감독원, 기업구조조정촉진법 및 상시 기업신용위험 평가제
　　　　도 주요 내용, 2001. 8. 10

정재룡·홍은주, 부실채권정리, 삼성경제연구소, 2003. 8

조성욱, "경제위기 이후 재벌정책에 대한 평가", 21세기 한국기업의 경쟁력,
　　　　서울대학교 기업경쟁력연구센터 심포지움, 2002. 12

최두열, 기업구조조정에 대한 한국적 인식의 한계와 문제점, 한국기술교
　　　　육대학, 2003. 6

한국건설산업연구원, "금융위기와 RTC의 경험", 자산 디플레이션과 부동산
　　　　증권화, 1998

한국은행, 국내은행의 부실채권 처리현황 및 전망, 2001. 8

한국은행, 파산금융기관의 정리 - 미국 RTC의 사례, 경제연구소 업무참조 자료, 1996. 12

한국자산관리공사, "말레이시아 금융구조조정에 관한 UN보고서", KAMCO REPORT, 2002. 11

＿＿＿＿＿＿＿＿, "중국 부실채권시장의 동향 및 전망", KAMCO REPORT, 2002. 9

＿＿＿＿＿＿＿＿, "2002 아시아부실채권시장 동향보고서", KAMCO REPORT, 2003. 2

＿＿＿＿＿＿＿＿, "RTC 집중연구", KAMCO REPORT, 2002. 11

＿＿＿＿＿＿＿＿, 부실채권정리백서, 2004. 8

＿＿＿＿＿＿＿＿, 세계부실채권시장 동향 시리즈, 2001. 8

＿＿＿＿＿＿＿＿, 아시아태평양 부실채권포럼 백서, 2001. 3

＿＿＿＿＿＿＿＿, 제2회 아시아태평양 부실채권 포럼(북경) 보고서, 2001. 12

＿＿＿＿＿＿＿＿, 한국자산관리공사40년사, 2001

＿＿＿＿＿＿＿＿, The Best Solution for NPL Envisaging Future Strength, 2002 Annual Report, 2003

한국자산관리공사·서울대, 부실채권정리 5년의 평가 및 향후과제, 2002. 11

한국자산관리공사·KDI, 국내외 부실채권 정리기능의 강화방안 연구, 2001. 12

산업자원부·전국경제인연합회, 사례로 배우는 e 비즈니스, 2004. 1

2. 외국문헌

日本 建設經濟研究所, 「不動産市場のための活性化方案に關する調査」, 1998

藤本一彦, "美國における最近の 不動産證券化の動きと 不動産鑑定人の位置つけ", 不動産研究, 日本不動産研究所, 1998

伊藤元重, 流動化の時代, 2000. 6

飯田裕康, 現代金融危機の構造, 2000. 3

仕藤一雄, 不動産證券化の實體, 2002

平田潤, 21世紀型金融危機と IMF, 1999. 8

Akiko Terada-Hagiwara and Gloria O. Pasadilla, Experience of Crisis-Hit Asian Countries: Do Asset Management Companies Increase Moral Hazard? Discussion Paper Series No. 2004-17, Philippine Institute for Development Studies, June 2004

Areeda, P. & Kaplow, L., Antitrust Analysis 4. ed., Little, Brown and Company, 1988

Asian Development Bank, Promoting Regional Cooperation in the Development of Insolvency Reform, 2002. 8

Bank Negara Malaysia Annual Report 2004, Bank Negara Malaysia (Central Bank of Malaysia)

Bhanoji Rao, East Asian Economies: The Miracle, a Crisis and the Future, McGraw-Hill, 2001

Bonin, J. P. & Huang, Y., Dealing with the Bad Loans of the Chinese Banks, 2001. 3

Carl-Johan Lindgren, Financial Sector Crisis and Restructuring: Lesson from Asia, International Monetary Fund, January 2000

Clark, R. C., Corporate Law, Little, Brown and Company, 1986

Danaharta, Annual Report 2001, 2002. 4

Danaharta, Malaysia's National Asset Management Company, Operations Report, 2002. 6

Ernst&Young, Global Nonperforming Loans Report 2004, Ernst & Young, 2004

FDIC, DOS Manual of Exam Policies Loans, Section 3.1, 2002. 2

FDIC, Managing the Crisis: the FDIC and RTC Experience 1980-1994, 1998

Gregory W. Noble, The Asian Financial Crisis and the Architecture of Global Finance, Cambridge University Press, 2000

Hovenkamp, H., Federal Antitrust Policy, West Group, 1999

ILBS, AKTA Penghutang 1957 (AKTA 256) & Debtors Act 1957 (Act 256), 2003. 1. 15

Jackson, H. E. & Symons, E. L. jr., Regulation of Financial Institutions, West Group, 1999

Klingebiel, D., "The Use of Asset Management Companies in the Resolution of Banking Crises", Word Bank Research Paper, 2000. 2

NPL Asia Issue 5, April 2005, Price Waterhouse Coopers

Rajandram, C., Workouts and Restructurings in Malaysia, Corporate Debt

Restructuring Committee Malaysia, 1999. 11

Shalendra Sharma, The Asian Financial Crisis: New International Financial Architecture: Crisis, Reform and Recovery, Manchester Univ. Pr,. 2003

The IMF Policy Development and Review Department, Progress Report Developing International Standards, 1999. 3

World Scientific Staff, IMF & the Asian Financial Crisis, World Scientific Pub. Co., 1999

A Study on the Int'l Standardization
for the Resolution of Non-Performing Loans("NPLs")

The Asian currency crisis severely crippled the financial system in most Asian countries, especially, Thailand, Indonesia, Malaysia and South Korea. And, each country burdened with soaring NPL volume and had to remove it.

This paper explores regulatory policies in the NPL resolution of major countries who had experienced the financial crisis. And, it covers what the NPL market is and its characteristics with various resolution methods.

Also, each country has it own resolution agencies for managing and disposing the distressed assets, which are state-led or private type. It is kindly recommended to learn that what caused the crisis and how the countries managed that to revive the overall economy.

And, it is almost right time to establish the international resolution agency to standardize and to dispose the NPLs with speed and efficiency for maximizing value of the distressed assets. The cooperation between the countries is essential to establish the entity.

To minimize tax payer's burden, the NPL level and its impact on the financial sector should be widely publicized and recognized. And, the great efforts are needed to settle the impaired assets and to improve the overall economy.

색인어

바

사

아

O

OECD 156, 157, 175, 176
OECD모델 178, 186, 201

P

P&A 18, 46, 48, 115

R

Rescheduling 20
RTC 18, 37, 43, 167

S

S&P 160
Sarbanes Oxley법 184
Savings and Loan Associations (S&L) 36
SPC(Special Purpose Company) 152
Special mention 18
SPV(Special Purpose Vehicle) 168
Standard 18
Substandard 18

U

UN모델 178, 183, 186, 201

W

WTO 137

정 재 룡(鄭在龍)

1946년 서울 출생
서울대학교 법과대학 졸업, 동 대학원 졸업
미국 위스콘신대 대학원 졸업(공공정책학, MA), 국방대학원 졸업
법학박사(서울대학교), 명예 경영학 박사(명지대학교)
경제기획원 물가정책국장, 예산실 총괄심의관
통계청장, 세무대학장, 공정거래위원회 상임위원
재정경제부 차관보
한국자산관리공사 사장
충북대학교 대학원 법학과 초빙교수(경제법)
현재 : 상명대학교 법학과 석좌교수
　　　　법무법인 태평양 고문
　　　　공정거래위원회 경쟁정책자문위원

주요 논저
『부실채권정리를 위한 법적 기반에 관한 연구』(법학박사학위논문)
『부실채권정리』(공저)

부실채권 정리제도의 국제 표준화　　　　　　값 13,000원

2005년 11월 10일	초판 발행	
2007년 9월 10일	재판 발행	

저　　　자 : 정 재 룡
발 행 인 : 한 정 희
발 행 처 : 경인문화사
편　　　집 : 김 경 주
서울특별시 마포구 마포동 324—3
전화 : 718—4831~2, 팩스 : 703—9711
이메일 : kyunginp@chollian.net
홈페이지 : http://www.kyunginp.com
등록번호 : 제10—18호(1973. 11. 8)

ISBN : 89-499-0340-7 94360
* 파본 및 훼손된 책은 교환해 드립니다.